U0556620

在有光的课堂上

张小兵/著

中国人民大学出版社
·北京·

图书在版编目（CIP）数据

在有光的课堂上 / 张小兵著. —北京 : 中国人民大学出版社，2019.12
ISBN 978-7-300-27693-9

Ⅰ. ①在… Ⅱ. ①张… Ⅲ. ①中学语文课—课堂教学—教学研究 Ⅳ. ①G633.302

中国版本图书馆 CIP 数据核字（2019）第 270592 号

在有光的课堂上
张小兵　著
Zai You Guang de Ketang Shang

出版发行	中国人民大学出版社		
社　址	北京中关村大街 31 号	邮政编码	100080
电　话	010－62511242（总编室）		010－62511770（质管部）
	010－82501766（邮购部）		010－62514148（门市部）
	010－62515195（发行公司）		010－62515275（盗版举报）
网　址	http://www.crup.com.cn		
经　销	新华书店		
印　刷	北京华宇信诺印刷有限公司		
开　本	168 mm × 239 mm　16 开本	版　次	2019 年 12 月第 1 版
印　张	14 插页 1	印　次	2021 年 7 月第 2 次印刷
字　数	190 000	定　价	49.80 元

目录
CONTENTS

辑二 / 写下你的名字：自由

辑三 / 都是“想”的问题

辑四 / 认真写好一句话

辑五 / 你的面前应是一片森林

序

Preface

在有光的课堂上

吴　非

大约在十年前，我读到张小兵老师的几篇课堂教学笔记，感到有趣，也很受启发。我对小兵说："把这些文章整理出来，编一本《我在开始的十年》，将会很有意义。"我一直认为，教师起始十年的职业状态很关键，这十年思考和追求什么，以后很可能就是什么样子。那些年，我不止一次地鼓吹这个命题，然而应者甚寡，很多教师总是谦虚地说："教书十年，哪有什么可介绍的。"小兵当时也是这样说的。转瞬间，第二个十年也飞过去了。这本《在有光的课堂上》，至少有一半文章反映的是小兵在第二个十年的状态，如今小兵已经是南京师范大学附属中学教师队列中的老兵了。

可以说，小兵是个纯粹的教师。我们相识多年，他每次找我，总是谈课堂感悟，讲学生的发现，分析某个教案，谈学校工作的改进，谈教研组计划，谈新买的好书……他几乎从不谈私事。这本书，真实地反映了小兵对教育的所思所想、对人的关怀、对教学的反思，处处能看到他的职业态度。一名教师，把上课当作生命历程，一节一节地上课，以之为乐，一步一步地走向自由、澄明之境……小兵从没虚耗光阴，他配得上学生和同事的尊重。如果学校能有一批小兵这样的教师，能有小兵这样的教师站立在讲台边，学习就会是一件美好的事。

小兵有探索者的禀赋，因为他有问题意识，因为他有韧性，也因为他有课堂追求。在黑暗中摸索的人，会有对光明的期待，从一根火柴，到一支火把，再到一盏不熄的灯，为精神而活。很多教师都有过那样的职业憧憬和梦想，只是大家跋涉的长度不同而已。小兵通过课堂增强学生的思辨意识，引导学生关注人生、关注世界，培育学生正确的学习观，让课堂承载“立人”的任务。他观察学生的学习，总是很注意学生的学习个性。他的课没有止于“语文”，而是通过语文教育让学生“得法”“得道”，变得会学，成为自觉的学习者。

读小兵的这本书，我想及他平时的读书生活，深感教师“底子意识”的重要。以前教育界有句老话：“要给学生一瓢水，教师要有一桶水。”现在，人们逐渐明白了，守着的那桶水是会变质的；再说，教师也不是卖水的。教师站在讲台上，背后必须有奔腾的江河，浩浩荡荡，永不停息。小兵藏书万卷，视域开阔，有着作为一名教师立足讲台的优势。爱因斯坦说：“人的差异在于业余时间。”小兵业余时间在做什么，同行们从这本书中能窥一斑而知全豹。

多年来，小兵在维护教学常识的同时，也在不断地探索改进教学的途径。他的过人之处，在于经常能通过反思寻找不足。他的心里始终有问题，始终和问题相处，这样他的思考和实践也就有了更积极的意义。当年我和他在同一个备课组，课间我们常在休息室交流。面对教学中超出了我们经验的情况，他从来不消极，即使这节课有遗憾，没有达到预期目标，他也从不气馁，总是质疑、思考。有时过了一个星期，他会喜形于色地来找我:“那天的课其实是可以这样变通的……”我和他做同事时，一度怀疑他是否对自己太苛刻，后来发现，他是个反思型的教师，总能找到教学中存在的不足，因此他的课堂教学总能有创新。

学生到学校来，是来学“怎么学”的。他们坐在课堂上，就是想看教师用这本教材“教”什么；下课了，他们仍然会思考教师的“方法”。他们以后能不能超过教师，就要看教师的智慧和胸襟了。小兵是个永不满足的人，他的学生一定会记住他的教育态度。

有时我会好奇，小兵那么忙，怎么还会有余暇交游？后来发现，他的交游是为“学”，他从不放过任何一个学习、交流的机会。要想通过教育“立人”，同时也让学生成为聪明人，教师就必须是善于学习的人。我有时感到困惑：为什么一些教师会厌倦教学？那种消极姿态，怎么能培育出“热爱”？又怎么能培育出“趣味”？教师本人缺乏学习的自觉，他的教学必然只能出于功利的目的。教学之于他，不过是谋生的劳作，而不可能是“道”。好多宝贵的时光就那样被荒废了。当然，很多人总会找出一堆理由为自己的“不学”或是“少学”辩解。比如，一些语文教师自己不会写，却能教会学生对付中考、高考作文。这类违反常识的学习记忆，将会被学生带到遥远的未来，并使人们保持对中小学教师专业地位的轻视。

最近十年，我见到不少像小兵这样以教学为乐事的中小学教师，各个学科的都有，有些教师的年龄比小兵要大，但仍然谦虚、勤奋。不放弃任何学习的机会，是他们始终如一的态度。他们守护着教师职业的尊严，提升了教师职业的技术含量。我们要重视这类教师的存在价值。

真正的教师必定是一盏不灭的灯。那些坐在教室里的学生，从童年、少年直到青春的十八岁，他们将认识多少位教师？如果每个教师都是一盏灯，指引他们前行，他们的生命中或许就会有一座灯塔，他们就能长久地对开启蒙昧的教师怀着敬意，自己也成为“有光”的人。

有意义的人生，是和生命的责任紧密联系的。像小兵一样，很多教师既是为了职业理想，也是为了自己的快乐而工作的。他们在照亮学生一小段路的时候，也照亮了自己的世界。

三年前，钱理群老师听我介绍小兵的教学探索时，慨允届时替他的书写序。我转致了钱老师的美意，没想到小兵惶恐不安，说一定要对得起钱老师的期许，书稿再磨一磨。这一磨就是三年。今年春天，我拜望年过八十的钱老师，不忍再让他操劳。这件事，趁尚有余勇，还是我做吧！

是为序。

2019 年 5 月 18 日

辑一

不一样的『阿慢』

不一样的“阿慢”

一个学生打电话给我：“张老师，同学们都很想念您，毕业十多年了，大家慢——慢——地长大了……老师，您慢——慢——地走，不着急，我们在学校大门口等您。”

听着电话，我不禁笑出声来：“你是周翔吧？”

“不会吧，老师您还记得我?!”

我当然记得，“慢——慢——地”这两个拉长了音的“慢”字，只有从他的嘴里说出来才那么有味儿！

记得刚教他两个星期，“慢慢地”这三个字便和他有了不可拆分的联系。开学后的第一节作文课，两节课过去，全班同学都交了，只有他一个人没有交，而且才写了三行字。我带着一点儿责备的语调问他：“怎么啦？从小长到大，十几年过去了，怎么就写不出来呢？”他很认真地看着我，说：“老师，十几年的成长经历，90 分钟以内写出来，您不觉得太仓促了吗？我得好好回味一下，您给我一点儿时间慢——慢——地写。”是呀，为什么一定要逼着他用短暂的时间写一段漫长的人生呢？我立刻意识到自己“当堂完成”的要求是多么愚蠢。三天后，他将作文交给了我。漂亮的正楷字，卷面干干净净，一看就是一个学习认真的学生。这篇文章的内容我已无法记起，只记得结尾的一句话，让全班同学和我为之鼓掌：“成长，不是一件着急的事，得慢慢地来。”

高中前两年，周翔的日子过得很慢，凡事总是比别的同学慢一拍，

"阿慢"便成了他的别名。但是，我和同学们都很喜欢他，遇到困难的事，首先想到的往往是找他帮忙。因为虽然他做事慢一点儿，但总是能做到最好。

高三转眼就到了，运动会中的3000米长跑比赛报名成了体育委员最头疼的事，几个运动健将全都找借口不参加。体育委员抱着试试看的心态，找到从来没有参加过运动会比赛的周翔，没想到他竟一口答应了。运动会当天，周翔穿着一身崭新的运动服出场了。他跑得可真慢哪，两圈下来便比其他同学落后一圈。但他还是架势十足地跑着，手臂摆到最大弧度，脚步迈得很稳健，淡蓝色的运动服有节奏地上下跳跃着……看台上，很多同学的眼泪都笑出来了，有拍桌子的，有跺脚的……跑到第四圈时，跑道上发生了"巨变"：跑在周翔前面的运动员陆续退出比赛，原本拥挤的跑道上只剩下包括周翔在内的六七个同学。看台上，同学们纷纷站起来为周翔加油，我也情不自禁地高喊着他的名字。班上的两个运动健将实在"看不下去"了，他们跑进操场内圈卖力地为周翔呐喊、助跑。"阿慢！阿慢！阿慢！……"全校同学都站起来了，整个运动场似乎都是周翔一个人的了。累得变了形的"阿慢"，在3000米赛跑中得了第三名，一下就成了班级英雄，成了教师表扬的对象。

但是好景不长。高三第一次模拟考试，语文、数学、英语三门，周翔没有一门的试卷能做完，成绩自然很惨。就连他最喜爱的作文，也只写了不到一半。成绩出来的当天下午，我找到"阿慢"，用无限同情的语调说："周翔啊，胜败乃考试之常事，你一定要……"没想到，周翔却微笑着说："老师，我很坚强的。你没发现吗？我做过的题目正确率很高的，只是做出来的数量少了点儿而已嘛！再说这才'一模'，考试这事得慢——慢——地来……"这倒好，他反过来劝我了，好像"阿慢"是我而不是他！

离高考只有一个月了，周翔还是很慢，基本没有"快"起来的迹象。数学老师气愤地将模拟卷拍到我的办公桌上，"周翔怎么办？你这个班主任不能再纵容他啦！一定得想办法，让他每天放学后到我这里来做限时练习吧，他要好好地调教！”我找周翔商量，他一脸天真地对我说：“老师，做题如同做人，做一题是一题，得负责任的，怎么能速成呢？得慢——慢——地来。”“离高考只有一个月了，你得赶紧改掉慢的习惯。”我刚说完，他又笑着说：“老师，不着急，用700多个小时复习，去对付两个多小时的考试，时间是足够的！”听着他的狡辩之词，我气得“抓狂”，却不知如何是好。后来，数学老师将他拽到办公室做“限时练习”，没想到他却比原先更慢了，强硬的数学老师只能无可奈何地“放他一马”。

那一年高考的试卷比较难，很多同学走出考场便哭了。周翔却笑着对我说：“老师，您放心，只要是我做过的题目，正确率就一定会很高！”这话让我很不放心，不知道他做出的题目的数量如何。高考成绩出来了，他考得并不理想，我知道他做题的数量并没有上去。在一周后的班级同学毕业聚会上，他说了一句话，唱了一首歌。

一句话是“心急火燎只能泯灭兴趣，顺其自然才是正道，学习如此，做人也是如此”。

一首歌是台湾校园民谣《蜗牛与黄鹂鸟》。

周翔，怀揣着“阿慢精神”考取了一所工学院。此后，我多次变换工作单位，也就很少有他的消息了。漫长的十多年后的一天，“阿慢”牵头和几个学生一起找到了我。茶馆里，周翔坚持自己动手，洗茶具，分茶叶，倒开水……每一个细节都很完美，就是动作依然有点儿慢。其他学生告诉我，“阿慢”今年博士毕业，获得了四项专利，到某研究所工作了。他浅浅地一笑：“我生性就慢，小学、初中老师总是批评我，只有您‘纵容’我的慢。当初我虽然没有考上理想的大学，却一直牢记着您对我说过的话，‘相信自己，只要慢慢地学，一定会有进步的’。”我真的说过这样的“阿慢式”名言吗？我的脑海里一片茫然。不过，眼前的“阿慢”，无论是在学业上，还是在学术上，早就超过了当年很多“限时练习”做得快、高考成绩出类拔萃的学生，这个“阿慢”其实并不慢哪。

聊天的时候，大家要求周翔再唱一次毕业聚会上唱的歌——《蜗牛与黄鹂鸟》，他爽快地答应了。我和学生们用杯盖敲着茶杯打节拍，周翔唱道：

阿门阿前一棵葡萄树 / 阿嫩阿嫩绿地刚发芽 / 蜗牛背着那重重的壳呀 / 一步一步地往上爬 / 阿树阿上两只黄鹂鸟 / 阿嘻阿嘻哈哈在笑它 / 葡萄成熟还早得很哪 / 现在上来干什么 / 阿黄阿黄鹂儿不要笑 / 等我爬上它就成熟了

聚会结束，周翔紧跟在我身后，说："老师，您慢——慢——地走，楼梯有点儿滑。"

那一刻，我的心里很充实，也很感动。

希望所有人都幸福

“老师，我叫罗海阳，班级钥匙交给我管理吧。我保证每天第一个到班上，最后一个离开。”高一刚开学，罗海阳就主动来到我的办公室。

“可你为什么愿意做这件苦差事呢？”

“在我的眼里，这是一件最小的大实事。”

我吃惊地望着眼前这个一脸阳光的男生，内心有说不出的激动。

此后三年，罗海阳一直负责开门、锁门工作。他曾在随笔中这样描写管钥匙的生活：“不用闹钟我也会在舍友醒来之前10分钟自然醒来，不用瞄准我也能将钥匙准确插进锁孔，‘啪嗒’一声打开前门，从黑板向前走16步打开后门，再向里走7.5步打开盥洗间的门，然后打开所有窗户，让清晨的气息灌满整个教室……我在晨曦的微光中迎接同学们的到来。”我曾自诩熟悉教室里的每一个角落，但是与罗海阳的精确到0.5步相比，又有着怎样的差距？感动之余，我不禁感叹自愧不如。

一个周末的上午，教室里传来了阵阵敲击的声音，罗海阳正在给一把椅子钉钉子。他踩着椅子，扶着铁钉，用力地敲打着。动作虽然有些笨拙，却很认真，连我进了教室他也没有察觉。我问他为什么没有回家，他顿了顿说：“班上有不少桌椅已经松动摇晃，同学们无法安心上课。报修单已经填了很多次，可总是没人来修，我一着急就自己干了。”真没想到，他放弃休息，默默地给同学们修椅子，只是为了让大家上课时能安心一些！恍惚中，我觉得罗海阳不像那些学生的同伴，倒像那些学生的父亲。

罗海阳是一个细致的学生，这种细致不是令人讨厌的琐碎，而是让人心安的体贴。当年，学校为了教室整洁，规定不准将早餐带进教室。很多班主任将学生挡在教室门外吃早饭，我于心不忍却也无可奈何。一天早晨，不少同学挤在教室盥洗室门口，我走进去一看：地面、水池闪闪发光，一张废弃的课桌紧靠着墙壁，桌上摆着一盆绿萝，桌旁放着一把整修过的椅子，门上贴着“流水居”三个醒目的大字。看着罗海阳充满人性的“作品”，我不由得想起一些教师的残忍和自己的愚钝。“教育要以学生为本”的口号喊了很多年，我们没有做到，罗海阳却做到了！这之后，来不及在家里吃早饭的同学有了一个可以安心吃饭的“小餐厅”，而班级也更有了家的温馨。

然而，罗海阳也有一个“坏习惯”。每天上午最后一节课，他总是心神不宁，铃声一响便第一个冲出教室。为此，我多次批评他。

一天，我到食堂吃午饭，看见罗海阳正在小心地舀着免费汤。他没有注意到我，舀完汤后端着汤走向工作人员：“阿姨，能给我一点儿盐和醋吗？”罗海阳如此贫困，我竟然不知情。真想拽上他，找一个饭馆请他好好吃一顿！然而，他竟没有一点儿自卑，相反却很从容、自信。我的善心在那一刻凝滞了，收不回去，也无法喷发。从教工食堂打完饭出来，我主动和他一起用餐。这才发现他的碗里并没有几点儿绿色，我实在憋不住了，便问他：“为什么不多捞一些菜叶？”他不好意思地说：“总共就没几根，我全捞了，其他有需要的人怎么办？再说，我已经抢先了，这就更不好意思了。”他已经穷到只能喝免费汤的程度，却还惦记着别人，这是多么宽广的胸怀呀！我一时语塞，不知道说什么才好，将脸转向了窗外。

我不太喜欢打听学生的过去和父母的情况，怕影响自己对学生的认识。但这一次，我忍不住翻看了罗海阳的学籍表。这才发现他的直系亲属“父母”两栏，竟都写着“亡故”二字，他原来是一个孤儿！后来，罗海阳的初三班主任告诉我，海阳的父母在建筑工地做小工，两年前夫妻二人被从高空坠落的楼板一同砸死。虽然海阳得到了一笔赔偿金，但赔偿金都被他现在的监护人——姑父扣在手里。此后，我总是有意无意地和他在食堂“碰到”，与他一起分享教工食堂的水果和我自己带的荤菜。三年时间里，虽然班上同学有流进、流出，但是大家经常会在吃、穿的问题上“巧遇”他，让他获得一些意外的“惊喜”。

罗海阳的学习成绩一向很好，班上的同学总喜欢向他请教问题，他也知无不言，言无不尽。高考前一个星期，班上一个学习有困难的女同学患上了病毒性感冒，罗海阳几次帮她温习功课，结果被传染了。高考期间，他每天挂完吊瓶后再考试，高考成绩自然不是很理想。来学校取分数条时，我问他：“你后悔吗？”他看着我的眼睛，坚定地说：“父母离我而去，姑父待我不好，是我的不幸。老师关爱我，同学关心我，又是我的幸运。我从不会后悔帮助别人，也真心希望所有人都幸福。”这些听上去有点儿冠冕堂皇的话，从他的嘴里说出来，却有一种不容置疑的真诚。几年前，罗海阳结婚了，新娘正是他曾经帮助过的那个女同学。

虽然罗海阳是一个孤儿，但是他并不孤僻自闭。相反，他有情、有义、有爱，他自信、自强、自尊，这样的学生怎能不让人惦念？

他在诗里遇见自己

小萌同学面对“9月7日，这一天”的流水账式作文犯难了。他对着桌上的白纸发呆，阴云飘过他的眼睛，脸上泛起忧郁的波纹。

我问他：“这一天没有值得你记下来的人、事和景吗？”他咬了咬牙说：“没有。”

我又问：“你家距离学校远吗？”“不远，过一个红绿灯就到了。”“9月7日早晨上学路上有什么特别的吗？”“没有，到路口正好是绿灯，直接就过来了。”

再问：“9月7日一天8节课，有没有特别的内容？或老师、同学的举动让你发生过兴趣？”“没有。”

我黔驴技穷了，悄悄地问他：“这里的一切似乎都不能引起你的注意，那你对附中（‘南京师范大学附属中学’简称‘附中’，后文同——编者注）有怎样的期待呢？”“没有。”我有些抓狂了，问：“那你干吗来附中？”“我不想来的，学校四个指标生，他们都不肯来，就我一个人被逼着过来了。”

同桌忍不住了：“我也是指标生。”他反击道：“你的中考成绩比我的高40多分呢！”

我迅速感觉到事态的严重。他已经不能找到自我，仍然沉浸在中考失利的自卑中。我该如何唤醒他？怎样才能让他明白所有的考试都是人生中的“浪花一朵”？

教育最难的是拯救心痛之人，我必须让他在灰色地带汲取能量，自放光明。

我跟他说："你相信老师吗？我教书近20年了，遇到许多由学困生转变成优等生的案例。只要你愿意，我可以成为你的朋友，如果你以后有困难，就直接来找我吧。"他始终低着的头抬了一下，看了我一眼，轻轻地说："噢。"

在附中这样一个精英云集的学校，分数对每个人来说都可能意味着某些说不清、道不明的东西，比如荣誉、地位，甚至人际关系。我能理解一位后进生的心理，他们原先也许并不沮丧，只因一次考试便让一群原本和谐、快乐的青年分出三六九等。依据数字而进行等级化的"社会分工"在学校预演，对学生而言伤害大于益处。数字能反映的绝非人的全貌，再精确的数据分析也难以抵达人的心灵深处。

今天教学食指的诗歌《相信未来》，同学们按照自己认为合适的语调、语气朗读着：

当蜘蛛网无情地查封了我的炉台，
当灰烬的余烟叹息着贫困的悲哀，
我依然固执地铺平失望的灰烬，
用美丽的雪花写下：相信未来。

当我的紫葡萄化为深秋的露水，
当我的鲜花依偎在别人的情怀，
我依然固执地用凝霜的枯藤，
在凄凉的大地上写下：相信未来。

我要用手指那涌向天边的排浪，
我要用手掌托起太阳的大海，

摇曳着曙光那枝温暖漂亮的笔杆，
用孩子的笔体写下：相信未来。

我之所以坚定地相信未来，
是我相信未来人们的眼睛——
她有拨开历史风尘的睫毛，
她有看透岁月篇章的瞳孔。

不管人们对于我们腐烂的皮肉，
那些迷途的惆怅，失败的苦痛，
是寄予感动的热泪，深切的同情，
还是给以轻蔑的微笑，辛辣的嘲讽。

我坚信人们对于我们的脊骨，
那无数次地探索、迷途、失败和成功，
一定会给予热情、客观、公正的评定，
是的，我焦急地等待着他们的评定。

朋友，坚定地相信未来吧，
相信不屈不挠的努力，
相信战胜死亡的年轻，
相信未来，热爱生命。

听着学生的朗读，一连串的句子向我扑来："蜘蛛网无情地查封了我的炉台""灰烬的余烟叹息着贫困的悲哀""我的紫葡萄化为深秋的露水""我的鲜花依偎在别人的情怀"……眼前闪过那个时代的一幅幅图像，猛然间觉得这份失落、失意和追求理想而不得的感受，与小萌的情况有些贴合，便提问小萌：“你从这首诗中读出了什么？”

我热切地盯着小萌的眼睛，心底则已做好他回答“没有”的准备，甚至已经预见了他空洞、颓废的眼神。

“我在这里读到了失落，无法获得的无助、无奈，这是一个热血青年在绝望中的反抗，在反抗中的振奋……”他的脸上洋溢着青春的热情，眼角、眉梢挂着羞涩的微笑。

我紧绷的心弦突然之间断裂了，像一个被松绑的囚徒，每个毛孔都发出自由的呼喊。《相信未来》其实并不被当下多数学生喜欢，远不如《再别康桥》《雨巷》有魅力。除了时代因素，还有诗歌后四段近乎直白的呼喊。在追求修辞、文采的今天，真正喜欢上《相信未来》，往往需要一种机缘。小萌遇上了一首适合他的诗，《相信未来》或许能成为属于他的经典。

晚上，我在明城墙上漫步，秦淮河对岸万家灯火，幽邃的暗夜在温暖的灯光下显得微不足道。怀着柔美的想象，我憧憬着小萌未来的样子。走着，走着，竟不自觉地想起了已经毕业的学生小敏。他是一个性格温和、动作缓慢、在课堂上极少发言的学生。直到高三上学期，他的语文成绩仍然不理想，经常在班上垫底。他有一个特别的爱好，就是读诗。在忙碌的高三下学期，他经常一边读诗，一边有条不紊地学习，郁闷、烦躁、颓丧，这些词语好像不在他的词典里。高考成绩出来了，他的语文分数高得超乎所有人的想象。我并不想宣扬“读诗等于高分”的谬论，只是从他的身上看到了诗歌让人沉静的力量。

不少学生问我，读诗有什么用，自己读的不算少，作文水平也不见得有提升。要是为了提升作文水平而读诗，那么即使枕着诗歌入眠，也不会有一首诗真正打动自己，和自己形成精神上的契合。

在我看来，读诗不是为了涂脂抹粉，而是一次相遇、一次成全。

我在做现场直播

“老师，我来啦！”毕业生小戴出现在讲座现场，这真的吓了我一跳！

“你不是在军训吗？怎么跑到学校来啦？”

“我在给高三（9）班同学群做现场直播，今晚的《卡拉马佐夫兄弟》的讲座真好！陈施羽、徐子麟他们都在听……”

听他说完这些，我的内心不禁一热。

小戴就读的大学离附中很远——坐车、转车、步行——单程就需要两个多小时。我真的没想到他能来，更没想到还有那么多的学生在惦念着附中的人文经典阅读。我们在他们高三下学期时推出了人文经典阅读系列讲座，虽然他们很忙碌，但还是有很多同学每场讲座必到。讲座活动似乎已经成了他们的一种期盼，又或者是一种寄托。

我们的活动纯属自愿行为，对参加人数没有明确要求，没有强求每个班必须去多少人，更没有拉几个班的学生凑人数，只是在校园里贴了几张宣传广告而已。然而，每次讲座，无论是刮风下雨，还是严寒酷暑，有近四百个座位的报告厅几乎都座无虚席，有时甚至还要加近百张凳子。

回首曾经的教学，我不觉有些羞愧。教师常常埋怨学生没有学习热情，却很少从教学的角度去做一些反思。谁天生就不上进？又有谁想成为令别人嗤之以鼻的厌学者？是教师没有给他们展示辽阔、美好和深度的机会，更没有给他们亲近厚重、伟大的机会。中国人开会一般喜欢往后坐，然而，在我们的讲座活动中，学生都抢着往前坐，或许在他们看来，这样才能靠“美”更近一些。只此一点，已经让我们感受到了做教师的尊严，也让我们对未来多了一份憧憬。

附中语文组有一群热爱读书、始终怀着教育理想的教师。他们无法容忍只将有限的生命耗费在应试上，总能抬起头来，将目光投向更远的前方。王雷老师虽然已经五十多岁，却依然有着一颗火热而年轻的心。他人如其名，做事总是雷厉风行，被师生尊为“雷叔”。他常对我说的一句话是：“抓紧做起来，再不做就来不及了！”校园里一直活跃着雷叔的身影：选编中外名篇读本，开设小说阅读选修课，创办教师地平线读书社，组织“追寻有意义的教育”系列讲座……2017 年，他忽然觉得应该“动手”了，便号召语文组的同事们开设“外国长篇小说系列讲座”活动。雷叔一声招呼，全组的教师纷纷响应。大家两三人一组先同读、共研一本书，再面向全校师生、家长及社会上的阅读爱好者做专题讲座。2018 年，我从他手里接过组织讲座活动的接力棒，迄今已开展讲座近二十讲，内容也由小说逐步扩展到历史、文化、美学和哲学。雷叔和我有一个愿景，希望系列讲座能够做到三年为一个周期，每个周期三十讲左右，并适时推出“阅读导师制”，让学生能够找到一个又一个阅读的领路人。

每一所学校都应给学生留下一些难忘的记忆，成为他们远行道路上的精神依靠。从教近 20 年，我最大的感悟是，学生做得最多的是试卷，遗忘得最快的也是试卷，千万张试卷累积的厚度往往比不上一本小说，甚至一篇文章的厚度。没有听说哪个学生在毕业若干年后，还会记得曾经在某一个夜晚做过一张什么试卷，却经常听他们回忆在高中时读过什么书，听过哪些难忘的讲座，或者遇到过哪个有趣的人，以及令他们感动的事。

9 月 10 日教师节那天，我收到毕业生小朱的短信，她说：“我承认我带着一种特殊化的贪婪，希望自己这一生都不会与附中断了联系……附中果然已经凝化成一种美好的象征、一份厚重的情怀。其实我更想说的是，它已经成了我的一个太阳能烘干机。只要有阳光存在，内心就不该有酸苦的潮湿，必须坚强，而且充满正能量。”

读到这里，作为一名普通的教师，我的心情就像蜻蜓立在荷叶上，轻盈、畅快、幸福极了！最令我欣慰和感动的是，小朱还说：“无论以后从事什么职业，过怎样的生活，我永远都不会放下笔。有些收获是一辈子的。”教师只不过是千万职业中的一种，但没有哪一种职业能让人获得如此充实的满足。此生有幸为教师，又有什么遗憾的呢？

临走前，小戴说：“下雨了，走进附中的感觉就是不一样。”

我有点儿心疼他，劝他赶快回去。他到大学可能就深夜十一点多了。

那儿有一座殿堂

学期初，小韩说她感觉写作文不如小学、初中时有灵感，那时一会儿就能想出五六个点子，现在提笔常常卡壳，有时竟然写不出一行字。

小韩算是班上的写作高手，她的文笔自然、流畅，她往往能从生活细节中捕捉到写作的爆发点，一气呵成。翻看小韩的随笔本，便会发现她的写作有一个特点：内容始终围绕着自己的生活转。生活的确是广阔的原野，它是写作的外延，诚如晋代陆机在《文赋》中所言："笼天地于形内，挫万物于笔端。"然而，当今学生的生活已经被严重窄化，"三点一线"的生活方式如何才能培育出胸怀和眼界宽广无垠的写作者？这是摆在我们面前的一个现实问题。我并不否认，狭窄的生活也是生活。虽然"螺蛳壳里做道场"或许能玩出些新花样，但毕竟难有大的发展。小韩的困顿正在于此，形式的翻新不能完全等同于写作的创新，写作的新境界说到底还是思想内容的拓展。在被迫过着机械生活的当下，学生能够突围的路径并不多，阅读恰好是最好的途径之一。

阅读对写作的作用是不言而喻的，阅读量少对起始写作或许没有多大影响，但如果没有阅读支撑，后期写作就难以维系或者不易突破，除非他拥有广阔或深刻的生活体验。小韩说，她并没有广泛阅读的习惯，除了《报刊文摘》《读者》等报纸杂志，书籍几乎很少涉猎。我告诉小韩，斯蒂芬·茨威格、威廉·萨默塞特·毛姆、弗吉尼亚·伍尔夫等众多世界级作家都有读书随笔集问世。中国作家余华有一本《温暖和百感交集的旅程》，从这本书中我们能感受到20年的阅读对他写作的支撑力量。空洞的说教并不能换来现实的改变，不如从现在开始阅读吧！

小韩说，家里除了练习册，几乎没有多少“正经”的书。看着她诚恳的眼神，我谨慎地说：“有空就来读书吧，我的书架对你开放。”

我一般不愿意将自己的阅读兴趣强加给学生。让学生跟着教师读书是一件危险的事，等于剥夺了学生发现自己阅读取向的权利。不过，这次有些不同，因为我的办公室在图书馆内，“我的书架”其实是图书馆的一部分。因为职责所在，新图书上架之前，我先要大体看一遍，有时新书量比较大，便暂时放在我的办公桌旁的书架上。这些书类别十分丰富，文、史、哲、数、理、化等都有，并不代表我个人的阅读倾向。况且对她说“我的书架对你开放”，远比“学校图书馆对你开放”更实在、真诚，毕竟我是她的语文老师，看上去还是个读过一些书的人。

她来了，每天40分钟左右，静静地坐在书架前的椅子上。

两个多月里，她读过或者翻阅过各种各样的书。诗歌类：《春天，得以安葬：高银诗选》《我的孤独是一座花园：阿多尼斯诗选》《太阳是唯一的种子——贡萨洛·罗哈斯诗选》《黑塞抒情诗选》《因为风的缘故》《爱在心中长成了花园：对话一百首世界名诗》；哲学类：《尼采的锤子：哲学大师的25种思维工具》《看，这是哲学：哲学史里的快乐智慧》；历史类：《万历十五年》；文化类：“中国文化二十四品”系列中的若干分册；理科类：《上帝掷骰子吗：量子物理史话》《宇宙的琴弦》……我不知道一个人读书的极限是多少，也无法估算多大的阅读量才能激发一个人的写作灵感。但我知道，一些变化已经在她身上悄然发生：说话的语气平和了许多，阅读时的目光变得从容，文字渐渐有了穿透力，作文也不时闪现出思想的火花。

这让我想起10年前的一个理科男，他说自己将所有的时间都奉献给了理科，因为理科只要推理，不需要大量记忆。我不知道他这样给理科定调是否合适，但他对文科学习的漠视是有目共睹的。高一下学期面临分科，他在随笔本上写道："我肯定是要学理科的，而且要选物理、化学组合，聪明的男孩不学数、理、化，就不是真爷们儿。我要考清华……"他曾问我："老师，高考时我的语文能得多少分？"他平时的语文作业从来不交，作文从来不写，课外书自然也是从来不读。我无法回答他的问题，只能如实跟他说，按照目前的情况离及格尚有距离。他愣在那里，眼眶里全是泪水。此后，他常来找我，表示要"发奋"读书。看到语文可能会断了他的清华梦，便赌咒发誓要读书，这又陷入了功利的泥淖。读书是"吃饭养人"，不是"一天吃出个胖子"，"发狠"或许还会让人误入歧途。我跟他说："有空就来我的办公室吧，这里书多，报纸、杂志多，你就负责给班级剪报、推荐阅读吧。"两年过去了，他习惯于每周找我一两次，只为多读几页书，多看一点儿文字。高三毕业时，他给我的留言是："不读书，总以为自己是天才；读了书，才知道自己有多无知。谢谢老师将我领进书的殿堂。"其实，我没有"领"，只是告诉他"那儿有一座殿堂"。

很多事最难的不是开始，而是坚持做下去。这几天小韩没有来，我的心沉入了谷底。她会不会是一个有始无终者？还是我之前看到的只是一个个假象？

正当我感到困惑，心里生出一股怨气时，猛然发现，她正站在图书馆的一排书架前。

我顿时脸红了，羞愧难当。

他们的阳光照耀了我

诗人维斯拉瓦·辛波斯卡说："我偏爱明亮的眼睛，因为，我的如此晦暗。"我很庆幸能成为一名教师，身边一直洋溢着青春的生命，他们常常将我从失落、迷惘和痛苦中带到阳光地带。

二十世纪末，年轻气盛的我开始了语文教学生涯，并成为一名班主任。由于生源原因，所带班级学生的总体成绩不理想，我急得团团转，一边运足了气逼学生苦练读、记、写的"硬功"，一边使尽浑身解数猛灌语文知识。结果，半学期下来，不但大部分学生的成绩没有起色，有几个学生还生出了厌学情绪。小尤是我的"重点关注对象"，微胖、黝黑的他作业经常写不完，背书对他来说不亚于"大刑伺候"。面对他，很多时候我怒不可遏，甚至曾闪出"羞辱"他一番的念头。然而，我又没办法对他生气，因为他始终是微笑着的，而且总在我即将发作之前，他已经主动走上讲台来劝我"消消气"。高三下学期，他的成绩还是没有起色。面对焦虑的我，他却说："老师，学校这套东西我始终学不会，我把自己看得很清楚，将来就做一个靠手艺吃饭的工人，或者开家小店，能够养家糊口就可以了。靠自己的双手吃饭，不做坏事，对得起子孙，我就心满意足了。我相信自己会成为一个好儿子、好父亲、好公民。"我的许多大道理仿佛铁球遇到了棉花，掷地而无声。

此后，我经常惦念小尤，想起那个阳光正好的清晨，他趴在教室外栏杆上对我说的那番话。是呀，我们的教育染上了浓重的精英主义色彩，企图将每个学生都培养成专家、英雄、伟人，却很少想到更多的人其实就应努力成为“好儿女、好父母、好公民”。小尤将我从沉重的负担中解放出来了，他让我懂得了一个道理：教师的主要任务是培养合格的人，而不是塑造精英。几年后的一天，我忽然想起小尤曾骄傲地说过一句话：“别看我的学习不行，但我有一手好厨艺！”于是，我在新接手的高三班级宣布了一项特别的班规：“每个月学做一道菜，亲自下厨，和亲人分享。”毕业典礼上，很多家长笑着对我说：“我的孩子能做一桌菜啦！”

从二十一世纪初开始，我们的教育变得不再淡定。从高三加大练习量，到高一便开始高考复习；从只教必修课文，到只教古诗文；从每周休息一天，到每月休息一天……学校之间都在打一场要么比时间，要么比体力的“硬仗”。人们并不按规矩出牌，集体以“耍流氓”的方式抢占“制高点”，这便使得坚守教育理想的人和学校变得处境尴尬而艰难。时代的浪潮挟持了所有学校，有点儿良知的教师都不希望自己的学生成为这场“战争”的牺牲品，如此情境下谁又能真正从容？人格被撕裂，思想和精神被蒙上灰尘，想成为一个理想的教师，将付出巨大的代价。做“良人”而不得，这又是怎样的痛苦？

常有家长对我说：“老师，您再严厉一些，我家的孩子只有用鞭子抽才学得好！”“老师，您就拼命发卷子吧，我们家长负责督促、检查，不能让孩子有空闲时间，否则，他们会想着法子去玩。”近些年来，这样的“忠告”越来越多，我也常觉郁闷、痛苦，恍惚之间有些怀疑他们究竟是不是孩子的亲爹、亲娘。然而，每当此时总有学生主动来为我解压。十年前，小王对我说：“牛才要鞭子抽呢，老师别听他们的，我这是‘劳逸结合’，他们不懂！”五年前，小黄对我说：“他们就见不得我有点儿‘闲’，一看到我回家就不安起来，这是焦虑综合征。家长安静了，这个世界就会清净许多。我是有数的，老师不用为我担心！”今年，小戴说：“我来附中不只是为了分数，不想做那么多没有意义的试卷。高三模拟考试的分数并不是最重要的，况且还有一次全市模拟呢。我还是想尝试一下小说的写法……”听听他们说的话，再看看他们青春、自信的脸庞，那一瞬间，我便会不由自主地勉励自己：“彷徨但不可绝望，阳光总会穿透裂缝，温暖地照在我的身上。”

教师是一个育人的职业，通过自己的教育、教学来培育健全的人格。其实，改变一个人谈何容易，必须细心观察，适时介入，恰当引导，更需要长期保持对教育教学的热情。时间于人而言，可谓第一杀手，它会让一个人由勤快变得慵懒，由激情饱满变得颓废不振。然而，只要你足够用心，总有一些学生的举动会“吓你一跳”，然后将你从危机重重的黑暗里拽出。

今天下午，我看着实收率仅为三分之二的学生读书笔记，“一届不如一届”的沮丧念头又袭上心头。正当我为自己不能让所有学生爱上阅读而苦恼，甚至有些灰心失望时，毕业生小胡发来留言。她说，进大学后反而没有可以一块儿读书并愉快交流的人了。她曾尝试着向一位室友推荐几本有意味的书，譬如《金蔷薇》《月亮和六便士》，还有王小波的书。室友觉得《月亮和六便士》读起来累人，王小波的作品只有《一只特立独行的猪》值得一读，其他文章一点儿也读不下去，因为她只爱读情节性强的故事类图书。同寝室的每个人都很忙，但读书的人甚少。小胡所在小组要办读书报告会，她想选几篇短篇小说，如《轻盈的气息》《礼拜二午睡时刻》等，大家一起讨论，再播放一个极具发散性的电影片段，让大家讨论后面会发生什么故事。但是她又担心大家来自五湖四海，可能会对这些未曾阅读过的文字摸不着头脑，提不起兴趣。小胡很想知道如何能在两个小时内，让大家开动大脑讨论有意义的话题，便想到了我——她的高中语文老师。

小胡大学读的专业是医学，她却热心于带着周围的人一起读书，将空虚和无聊从生活中挤出。其实，要让没有阅读习惯的成年人喜欢上阅读，除非机缘巧合，否则可谓异想天开。然而，小胡却做得不亦乐乎。我不由得想起鲁迅的话：“愿中国青年都摆脱冷气，只是向上走，不必听自暴自弃者流的话。能做事的做事，能发声的发声。有一分热，发一分光，就令萤火一般，也可以在黑暗里发一点光，不必等候炬火。此后如竟没有炬火：我便是唯一的光。”小胡便是一道光。

常有人问：“你为什么那么喜欢微笑？”

我想，是因为“他们的阳光照耀了我”。

现在能做的只是“松松土”

教师总希望能做家长的知心人，可近些年来，许多教师不愿也不敢接触家长。且不说一些家长越来越世故了，单是他们的“唯分数论”已令人忍无可忍，更何况还有许多古怪的疑问呢？

一位家长风风火火地找到我，急切地说：“儿子是我最大的骄傲，他中考可在全市名列前茅哇……”我的脑海里浮现的却是他现在的模样：沉默、颓废、懒惰……是什么改变了他？难道仅仅是因为教育场景的变迁吗？“老师，帮帮我儿子吧，他现在很叛逆，学校要求的必读书他说‘没意思’，课外书籍又没兴趣读，对什么都是玩世不恭的态度，我们都拿他没有办法了！”望着这位母亲焦虑不安的样子，我的内心涌出无限的同情与悲悯。于是，便尝试着和她对话。

“小Y中考前是否参加了课外补习班？”“是的，效果真好，尤其是那个物理老师，真正调动了他补习的兴趣。他真的愿意补习。现在谁不补习呀？”

“他是从什么时候开始补课的？”“小学一年级就开始了。周围的同学都在补，重点小学都是这样，不补跟不上啊。”

“他补几门功课？安排在什么时间段？”“小学四门，初中四门，高中一开始也是四门，效果不好，改成了一门。”

对话至此，我再也无法平静，直接表达了自己的观点：学习的意义是什么？为了分数而学终将走向茫然的境地。小学、初中是以常识为主的基础教育阶段。何谓基础？基础知识、基本方法以及由此而形成的基础学习能力。常识是可以记忆的，短期的训练也容易见效果。但高中的学习开始向合作、探究层面发展，正是基础学习能力得以发挥作用的阶段，以速成的记忆和考点式记忆形成的所谓能力，是很难适应高中复杂而略有深度的学习任务的。家长从小学起便剥夺了孩子的学习能力形成的机会，将一个个知识点压缩成一块块僵硬的土块，砸向他们本就脆弱的“根”。长此以往，坚硬的荒原怎能拥有无垠的绿色？

养花的人都有一个经验，施肥过度容易导致土壤硬化，花儿反而容易枯萎。要想花儿有一线生机，便要“松土”，让水进入土壤内部。一般不轻易将花儿连根拔起，另寻种植之地。

“松松土”，想办法从头抓基础，是现在唯一能做的事。“夹生饭”虽不好吃，但做好了也许还能有些滋味儿。譬如，有的学生用读心灵鸡汤的心态去读《红楼梦》，常常来回拉锯，终年未曾尽读。这和缺少阅读长篇的能力有关。说白了，就是缺少宏观大局意识、微观细读能力，以及阅读的融通之思。怎么办？将鸡汤一样的短文阅读打碎，重新构建长篇阅读的基础能力。许多教师为了让学生适应考试中阅读理解的篇幅、类型，长期给学生读心灵鸡汤一类的千字短文，更有甚者，只读试卷中的文章。功利状态下的阅读将直接摧毁学生深度阅读和广泛阅读的能力。怎么办？唯有尝试在篇幅、难度上逐渐加码，带领他们“慢慢走”。

“松松土”，最重要的还是要改变学生的阅读心态。要将“读就是为了考”“读就是为了写”等狭隘的阅读观一滴一滴地从他们的头脑中挤出去。读是生命成长的一种需要，是生活的一种方式，并不“高大上”。在这些阅读观中，“读就是为了写”最具迷惑性，常被教师提起，甚至有专家也为此摇旗呐喊。仔细想来，捧起书便想得到关于写作的启示，这样的阅读是疲倦而又僵硬的。“阅读不是写作的附庸”，阅读主要还是为了阅读本身。“阅读就是吃饭养人”，像一日三餐一样，学生自然地去阅读，总有一天会长大，又何必每餐前后必称重？

“松松土”，要面对的困难不小，最大的阻碍来自学生自己，其次来自家长和教师。从灵魂深处唤醒学生的阅读欲望是第一位的，家长抛弃急火攻心的速效论是第二位的，教师以自身的阅读带动学生阅读是第三位的。如果家长将“速效”放在第一位，学生的阅读欲望就将荡然无存，教师的努力也将付诸东流。这些年我们遇到过一些令人沮丧的事，教研组制定了完整的阅读计划，从高一开始便带领学生进行广泛而深入的阅读。然而，仍有许多家长不放心，选择到培训机构上高考阅读辅导班。辅导班的教师自然是以“获利”为首要追求的，很多人并没有读过几本书，只是做了不少阅读练习。然而他们并不觉得惭愧，反而攻击我们的“大阅读”，鼓吹他们的阅读是专为高考量身定制的“小阅读”。往往没过多久，部分学生便在他们和家长的利诱威逼下，向高考化的阅读投降了。

其实，家长对学生总有一些“不放心”的心理，觉得孩子到处都需要“补一补”。近年来一些有识之士呼吁，坚决禁止小升初奥数等获奖要求，九年义务教育阶段禁止分快慢班，因为小学、初中学生处于兴趣、能力的培养和专长、爱好的发现阶段，本没有高下之分。一般说来，每一个学生都有发展的可能，都有成为某一领域人才的基础。只有体质不好或者有慢性疾病的人才需要长期进补，正常的人补多了则会出问题。正如1934年鲁迅先生在《且介亭杂文·看图识字》中说的：“然而我们是忘却了自己曾为孩子时候的情形了，将他们看作一个蠢材，什么都不放在眼里。即使因为时势所趋，只得施一点所谓教育，也以为只要付给蠢材去教就足够。于是他们长大起来，就真的成了蠢材，和我们一样了。”

实在没有办法了，我们能做的只是“松松土”，也应该“松松土”。

就这么夸张

巴金先生在《十年一梦》中的一段话时常浮现在我的脑海中："我十几岁的时候，读过一部林琴南翻译的英国小说，可能就是《十字军英雄记》吧，书中有一句话，我一直忘记不了：'奴在身者，其人可怜；奴在心者，其人可鄙。'"

当一种并不健康的需求成为人极力追求的目标时，"奴便在心"了。前天，我在路边小餐馆听到的一段母女对话犹在耳际：

母：你已经读小学三年级了，也该想想未来了。你长大了想考什么大学？

女：就考清华吧！（天真、轻松地说）

母：如果你考上清华，我就放弃家中所有的生意，全心全意到北京为你服务。我天天住宾馆，吃一天，喝一天，玩一天……（兴奋、语无伦次）

女：没这么夸张吧？（扬起小脸，看着激动的母亲）

母：就这么夸张！如果你考上了清华，叔叔、舅舅、爷爷、奶奶他们都会以你为荣，逢人就会昂着头说："我家有人上清华啦！"我以前有个同学，家里很穷，连台电视机都没有，可人家考上了清华。校长、镇长带着一群人，敲锣打鼓地将通知书送到他们家……哎，我们别提有多羡慕了！

“没这么夸张吧?”“就这么夸张!”相信多年后人们读到这段对白，一定会以为这是我的文艺笔法，甚或会冠以“荒诞手法”的“美称”。然而，这并不是夸张的戏剧，而是发生在中国苏南一个角落的真实故事。

人的记忆力是超强的，有些东西无论岁月如何洗礼也无法侵蚀，甚至会越来越清晰。多年前同学考入清华的“盛况”已经成为伤疤一样的存在，平时不痛不痒，偶尔一瞥还是会心疼。父母难以实现的梦想，一定要移植到孩子身上。三年级本是一个正思考如何抓蝴蝶的阶段，母亲却已按捺不住内心的渴望，开始了“种下一棵理想树”的励志教育。人生设计幼儿始，怎能输在起跑线上?于是，钢琴、声乐、绘画、书法、舞蹈、奥数、英语……一门都不能少，起早贪黑，风里来雨里去，孩子苦不堪言，家长自感殚精竭虑。家长们总能找到一些名言教育童心未泯的孩子，“不经风雨，怎能见彩虹”“吃得苦中苦，方为人上人”，成为耳提面命时的重要论据。这让我想起一些中学组织学生“誓师”的画面，大家挥着双臂，跺着脚，一遍又一遍地喊口号，青春的面庞涨得通红，眼神里充斥着嗜血的激动。这样的场景总让人不自觉地联想到传销组织吸纳下线的场面，口号喊多了，被骗的人也就“相信”了。传销式的励志，其实就是将哲理简化为诱人的结果，“彩虹”“人上人”成为他们崇拜的对象和坚定的信仰。当“相信”变成“迷信”时，人的行为往往就会变得疯狂。

如今，“清华”俨然成为这位母亲神往的“主子”，为此，她或许已为“心奴”三十年，如今又要将奴隶的身份牢牢地套在女儿的身上。我们常常控诉奴隶主的无耻，却很少批评为奴者的内心。“奴在心者”的可悲显而易见，可恨也不容小觑：她正以家长的权威、传销的手段，暴力地向孩子灌输“为奴思想论”。你给孩子染上了怎样的底色，孩子往往就会有怎样的未来。童子何知?唯有默默接受罢了!

如果能考上清华大学，就一定是一件幸福的事吗?朋友曾跟我讲过一个故事。几年前，班上一名学生聪慧勤奋，成绩优异，清华大学承诺将大幅降分录取。离高考还有一个月时，他忽然失去了学习的动力，甚至觉得人生没有意义，一切都很虚无。他读小学时就被家长逼着考全班第一，久而久之习惯了第一，偶尔排名第二便会痛哭，难受好几天。过去的十几年，他都在家长的逼迫下学习，在惯性中学习。眼看清华在望，随便考考也能过关，家长还是逼着他争取当状元。除了课业学习，他没有兴趣爱好，只能在想睡觉和争第一的矛盾中挣扎，他开始觉得恶心、厌世，找不到活着的价值，心理已经有些扭曲。如果家长知道了这个故事，不知道是想要一个健康快乐的儿子，还是想要一个心理压抑变形的病人呢？

然而，这股膜拜高校的奴隶情结究竟是从哪里来的？二十世纪五十年代至九十年代，自然是因为上大学便可以转户口成为“国家干部”，由“劳力者”成为“劳心者”，由“民”到“官”确乎令人神往。然而，如今人们就业的门类大大增加，实现人生价值的渠道相对多样，为什么还是如此膜拜所谓顶尖高校呢？这与高端用人单位的“高校奴”情结密不可分，君不见，他们多唯“211 工程大学”“985 工程大学”和“C7 高校”是用？当然，可能还与相关部门违背办学规律，以工业速度办精英教育有关，与中学的盲目跟风也脱不了干系。理论上说，“在上为乐，在下则是苦”，这是常理，可“高校奴们”却似乎并不见得有多少苦楚，反而孜孜以求，乐在其中。

中国家长的“脱奴教育”到了势在必行的时候了。众所周知，中国虽然不缺少家长学校，却无可争辩地缺少家长教育。中国教育的希望在哪里？在真正意义上的家长教育的遍地开花，在主人意识的觉醒，奴隶心态的消除。附中的地平线读书社是教师自发组织的，一群志趣相投的教师聚集在一起，读经典，开讲座，搞活动。“用阅读拯救，以思想启迪”，是读书社的追求之一。读书社里的教师经常举办面向学生、家长的公益阅读讲座，以“有意义的教育”启蒙学生和家长。这样的团体正逐渐被人们关注，也有不少有理想的人开始组织并举办这样的公益活动。

作为教师，我们还可以从自己做起，用明亮而丰盈的精神抵御奴隶心理，脱奴教育可以从自己做起，和身边的人共同做起。

鲁迅先生曾将中国历史分为两个阶段："做奴隶而不得的时代"与"暂时做稳了奴隶的时代"。话虽难听，却入木三分！想要消除中国家长的奴隶心态，教师要有"啃硬骨头"的心理准备，因为我们要面对的不只是一个面露谄色的母亲，还有千百年的"奴隶文化"培育起来的扭曲传统。契诃夫书信里的一句话值得我们记取："把自己身上的奴性一滴一滴地挤出去。"契诃夫的祖父曾经是农奴，凭借勤劳和智慧为自己和家人赎身，使全家人获得自由，但多年后契诃夫还是能闻到奴隶的气息，所以笔下多"奴才"。中国的奴隶社会已经过去两千多年，但很多人心灵的奴隶却一直存在。"挤""一滴一滴地"，需要的是勇气，还有毅力，更有智慧。

我走出餐馆时，小女孩正在"研究"她的一次性餐具，她以发现新大陆的口吻宣布："妈妈，我发现用手指抠个小洞，再用劲儿一撕，碗筷儿就出来了！"但愿这颗好奇心能与她不离不弃，相伴她一生。同时，中国家长的"脱奴教育"也该抠个洞了。

他小时候可爱看书了

小宇和他的母亲来到我的办公室，或者说，是母亲领着小宇来到我的面前。她愁容满面地说："老师，我儿子现在不知怎么回事，就是不爱读书。其实，他小时候可爱看书了。每次带他去书店，他都瞪大了眼睛，看很长时间的书也不愿离开。"

我正想安慰她几句，小宇插嘴了："都怪你们，谁让你们总是看电视的……"

母亲立刻红了脸，不好意思地辩白："你看，怎么还怪到我们头上来了呢？"

"当然怨你们，你们看电视，我看电脑，都是看……"

"你这孩子，爸妈可以中途歇息了！"

…………

这不是剧本，却充满了戏剧性。不过，静而思之，小宇虽然有一些推卸责任的嫌疑，但是说得颇有几分道理。

小宇这一代是地道的"90后"，父母多为"60后"或"70后"，都是"吃过苦"的一代。当年，他们也许不是不想读书，主要是没有书读，更没人指导阅读。在书籍匮乏的年代，很多人得到一本书便如饥似渴地阅读。然而，大多数人只能读教材，甚至有人能背下整本教材。但是，教材带给我们的营养毕竟是有限的，即便背下课本，也难以从根本上获得精神的成长。令人痛心的是，不少人却在恍惚中以为，这便是读书的全部意义所在。殊不知，这只是鼠目寸光。“背书时代”带来的一个恶果便是没有建立起基本的阅读信仰，或者说没有养成自然而然的终身阅读习惯，片面地以为读书只属于学生时代。苦日子毕竟很少有人愿意过，有糖吃，谁还肯只吃盐呢?

如此一来，阅读其实已经沦落为升学的手段，而不是增长智慧、提升修养的途径。一旦跃过“龙门”便不再主动读书，已经成为中国人用来表达“苦尽甘来”的行为表现，“情有可原”“不必苛责”之类的说法也盛行于民间。至于家长有“中途歇息”的想法便不足为奇了。然而，“子又生孙，孙又生子”，他们又必然且必须“为子孙谋”，苦劝其“读书上位”，甚至以“想当年”的话语方式“现身说法”，可谓苦口婆心。可惜的是，子孙常不买账，因为“你读书的样子我没见到，吃喝玩乐的模样却历历在目”，久而久之，子孙不但不再听祖宗训言，甚至会怀疑其所说的真实性。

对“吃过苦的人”来说，吃过的苦可能会成为人生的财富，但也能化为一种以爱为掩护的戾气。“穷怕了”，往往就会积极主动地想方设法“致富”。这本是好事，但如果“积极”得违背了基本常识，就过犹不及，甚至适得其反了。比如，每周都带孩子去图书馆、逛书店，疯狂地强迫孩子读超越年龄阶段的名著，不管读了什么，读书笔记必须天天写，等等。孩子天生向往自由，他们活泼、浪漫、天真。如果家长总是无休止地让他们“暴饮暴食”，将他们囚禁在“餐桌”上，那么他们得厌食症是迟早的事!

时下，国家从战略高度提倡阅读，从各种名目的阅读节做起，逐步发展到五光十色的阅读工程，可谓热闹非凡。然而，目睹今日之事，我又不免担忧起来。阅读从来都不只是学校的事，好家长有时胜过好教师，如果家长想要孩子读书，那么自己和孩子一起读书才是最佳路径。

想起多年前的一个家长，他是机关公务员，公务繁忙，觥筹交错之事也时有发生，与女儿交流的机会并不多，孩子对他颇有微词。这位苦恼的父亲找到了我。交谈中，我发现他是一个挺有想法的人，绝非平庸之辈——他每天都有利用午休时间阅读报刊的习惯。既然有阅读习惯，为什么不主动和孩子分享？这是一位开明的家长，他立刻行动起来，用一本厚厚的笔记本做起了摘抄、剪贴和评点，并在与孩子交流的过程中找到了无穷的乐趣，而孩子也被父亲的见解和学识吸引，逐渐爱上了阅读。当然，这个例子还有些“浅层次”，毕竟还只是“轻阅读”。

“爸妈可以中途歇息了”这句话是中国特色的家长心声，也是中国人的阅读量在世界排名靠后的主要原因之一。可以毫不夸张地说，减去学生阅读的书籍数量，中国人均阅读量也许只能处在全球最后的方阵了。如果再除去教辅之类的书籍，真不知道又会是怎样的惨状。我出生在书籍不多的二十世纪七十年代，生长在乡村，镇上的新华书店仅有一间房子，除了日历、挂历，还有养鱼、养鸡、养蚕之类的农技书籍，以及一些时事政治书籍。唯一的一套《红楼梦》是书店的陈列品，仅供瞻仰，概不外卖。我无书可读的饥饿感至今仍在，这才落下了“人生不死，买书不止”的病根。每一个人其实都是“大地上的异乡者”，困惑、孤独、绝望常常偷袭我们的人生。书籍，尤其是经典书籍，是我们最忠实的朋友，它让我们更坚定、充实、阳光，读书应当是件可以伴随终身的事。我一直认为，比阅读才华更重要的是阅读毅力，因为它决定着我们个人阅读史的长度、宽度以及厚度。

《三字经》中有一段话值得深思：“苏老泉，二十七，始发愤，读书籍。”苏轼、苏辙两兄弟分别出生于苏洵二十八岁和三十岁时，兄弟二人在童年、少年时代可能常见苏洵读书的身影。特别可贵的是，他们的母亲程氏夫人也是一个爱读书的人，常教兄弟二人读书。“一门三父子，都是大文豪”，恰恰是家庭共读的明证。如果我们能效法古人，使孩子在阅读时有陪伴，不孤单，这就是促进阅读的最好的方法。

什么样的家庭最可贵？不一定是金玉满堂，门第书香有华章，一样可以幸福绵长。如果你不是家族的第一代读书人，那么你是幸运的，因为也许你就生在书香门第。如果你的祖先和读书并没有太多的关系，那么你就从现在开始认真阅读吧，因为你的子孙将在你的熏陶下生活得更幸福、更美好！

“言传身教”，不只是一句简单的说教语，更是千百年来古人留给我们的肺腑之言。真心祝愿小宇的父母有一天能自豪地说：“其实，他从小就喜欢读书……”

带一本书走过高三

高三是一个特殊的时段，身处其中的学生都将接受无数次的煎熬，试卷如雪花一样翩翩起舞，真正能让人心情舒畅的又有几回？机械、疲倦、困顿、寂寞、失落、不甘、嫉妒、愤恨、迷惘……像楔子一样钉进高三学生板块一样的生活里，难以拔除，无从消解。面对这样的日子，学生们又是怎样坚强度过的呢？

和大家聊天得知，除了同学之间相互帮助、安慰，除了阅读计划中的书目之外，他们差不多都有一本书始终相伴，将高三的时光拉得无限悠长。经常听家长、教师说，想读的书此时可以放一放了，别影响高考。所以，这个发现格外让我惊喜。孟德斯鸠说："喜爱读书，就等于把生活中寂寞无聊的时光换成巨大享受的时刻。"他们是在自我疗伤、纠偏，以"慢慢走，欣赏"替换"奔跑"的姿态，从书籍中为自己求取光明。

古老的中国孕育了古老的智慧，中国古代的文人在前行的道路上，往往走得并不平坦。他们的著作或与他们相关的书籍，都浓缩了丰富的人生阅历和窥探古今的思想萃语。

徐逸航同学推荐李泽厚的《论语今读》，这本书摆脱了说教，是李泽厚与孔子的对话，是突破时空的思想碰撞，让两千多年前的孔子与当代生活有了关联。读这样的书，可以在古人寻找困境出路的选择中找到自己的方向。许鹏同学读的是王蒙的作品《庄子的享受》。诚如王蒙所言，庄子沉迷于、得趣于概念的相反相成、相悖相生、相逆相连以至延伸于无穷的妙奥，他的智慧与思绪像风一样自由，他神游于截然对立的彼此、是非、可与不可，以及北溟南溟、鲲鹏槁木、大瓠巨樗之间，游刃有余，妙趣横生，无往而不胜。这对极端不自由的高三学生来说，是灵魂的补白，是“虽不能至，然心向往之”的自我勉励。姜煜颖同学读刘义庆的《世说新语》，常废寝忘食，她强调是刘孝标注、余嘉锡笺疏、中华书局版本。在枯燥的高三读一千多则魏晋名人故事，观名士风流，思世俗人情，品干练语言，的确是不错的选择。张未然读的是林语堂的《苏东坡传》，苏东坡一生都像一个“长不大”的男孩，他用情至真，悟理至深，大起大落而不沉沦，总能在现实生活中找到出路。

有人说，在中国没有经历过高三的人生，算不得完整的人生。这句话说得有点儿夸张，也有些讽刺，但高三所经历的高强度的压迫感和成败难以预料的焦灼感等，从某个角度来说，都是未来现实人生的集中预演。选择用小说充实高三生活的学生确实不少，虚构的世界让他们读到了人生的种种可能，也在其中遇见了现在或将来的自己。

《源泉》是俄裔美国作家安·兰德的作品，小说讲述了建筑师霍华德·洛克与强有力的竞争者彼得·吉丁和报纸专栏作家埃斯沃斯·托黑的斗争经过。洛克才华横溢，对自己的建筑设计作品有着非常执着的坚守，他反对陈腐过时的传统，拒绝一味满足客户需求而糟蹋自己设计理想的建筑设计，不允许任何人更改他的设计方案。吉丁骗取了洛克的信任，又擅自改动了洛克的设计方案。洛克亲手炸毁了建造中的大楼。法庭上，洛克为自己辩护，他生动阐释了文明的创造和人的源泉动力，讲述了“自我”的价值和人类必须对自己保持“真实”的必要，讲述了创造者在社会中的作用……陪审团被他真挚的演说打动，最终宣判他无罪。陈淑一同学深爱这篇小说，应该是从中感受到了坚守的力量，体会到了人生于天地间的责任和对未来的期盼。陈施羽推荐阅读玛格丽特·米切尔的展现美国南北战争背景下人们心灵世界的《飘》，谢天言推荐斯蒂芬·茨威格的令人眼界大开的自传体小说《昨日的世界》，吉雪萌推荐村上春树的《舞！舞！舞！》，王姝推荐米兰·昆德拉对“轻与重”“灵与肉”等一系列问题进行深度思索的《不能承受的生命之轻》，田紫滢推荐川端康成的唯美而充满哲思的《雪国》，戴羽寅推荐伊塔洛·卡尔维诺对现代城市生活极具反思意义的《看不见的城市》，顾荻飞推荐陀思妥耶夫斯基对自由意志和非理性进行探讨的《地下室手记》，朱璇推荐 F.S. 菲兹杰拉德充满励志意味和反思意识的《了不起的盖茨比》，李亚轩推荐卡勒德·胡赛尼的充满爱与希望的完美杰作《群山回响》。

这里的人生没有一个是重复的，没有一个不是虚拟的，但又和读者的人生有着某种关联，分明能在自己的日子里找到印记。高三学生将经受各种错综复杂的情感、思想冲击，小说对他们而言是一种慰藉，也是一种激励。

人在疲倦与困顿中，很容易走向封闭，由一种非正常状态跌入另一种极端。只有向内反省，向外探求，才能获得自救。

北京大学朱良志教授的《生命清供——国画背后的世界》是一部清雅而深刻的作品，将画家的人生经历、境界追求表现在字里行间，融入了作者自己对人生和生命的感悟，是由外向内求索的美文。熊健乔同学推荐这部作品。在快节奏的高三时光里，接触到一种缓慢、幽深、高远而清新的文字，无疑是一种享受。何子萌喜爱《爱默生随笔》，这也是一个不错的选择。相较于培根，爱默生的文笔更饱含感情，犹如密西西比河的流水，汹涌澎湃，绵延不绝。一个个关乎人生、社会、历史、自然的话题，一段段承载着深沉哲思、精辟而生动的文字，对高三学生而言是一种思想洗礼，也是一次全方位的整理。蒲瑶推荐史铁生关于生死爱恨的经典作品集《我与地坛》，在慌乱的日子里最需要的就是沉静，史铁生的轮椅哲思带来的是穿透人心的力量。马思睿同学喜爱《愿生命从容》，虽然周国平的作品已经为广大中学生所熟悉，也多少有一点儿“鸡汤”味儿，但高三学生能从这部作品里汲取“享受人生而不沉湎，看透人生而不消极”的营养，也是有益而无害的。袁航推荐白岩松的《痛并快乐着》，这是作者与自己心灵的对话，透着犀利、困惑、痛苦、幸福，折射了责任、良知与关爱。王子明推荐《中国新闻时评精选》（“说真话”“思想脉动”“思想的张力”“常识的力量”“捍卫常识”等系列作品集），高三也需要睁开眼睛，张开谛听的耳朵。欧阳涵推荐王开岭的《古典之殇——纪念原配的世界》，这是一部“唤醒记忆，修复现代感官和心灵美学的作品”，河流、井泉、黑夜、流萤、虫鸣、水桥、城丘、荒野、鸽哨、燕巢、古树、村庄、农历、禁忌、耕作、女织、市井、小街、放学路上、自然长大的猪，“原配”的世界正逐渐成为记忆，“大自然身负重伤，古老的秩序和天然逻辑被破坏”。在高三读读这样的文字，既是对内在的拷问，也是对外在世界和未来社会的思考。值得一提的是，现代历史学家、思想家艾瑞克·霍布斯鲍姆最后的力作《断裂的年代：20世纪的文化与社会》，进入了陈瞩远同学的视野，这是班级学生突破高考而对大主题有所关注的见证。

“学生腔”是贴在中学生额头上的不良标签，是幼稚、狭隘的代名词。看到学生阅读的这些作品，我不禁为他们喝彩，也许这样的标签已经时过境迁。

机械、重复、单调，这一切都是青春的天敌，是泯灭诗情的杀手。高三的时光里没有诗歌相伴，将令青春失去光华，语言失去光泽，想象失去翅膀。班上有一群爱读诗歌的学生，教室里仿佛多了一盏盏明亮的灯。

姚明玥喜欢维斯拉瓦·辛波斯卡的《万物静默如谜》，崔心怡爱读辛波斯卡的《我曾这样寂寞生活》。辛波斯卡打破诗歌宏大叙事的模式，抽签探望病人、出席葬礼、绑紧鞋带、填写履历表等琐碎的日子都成为诗人关注的对象，写在诗行里，成为一种永恒。切斯拉夫·米沃什说：“辛波斯卡的诗，涉及每个人从自己生活中得知的一切。”波兰前总统科莫罗夫斯基曾说：“几十年来，她用乐观、对美和文字力量的信仰，鼓舞着波兰人。”“我偏爱写诗的荒谬，胜于不写诗的荒谬……我偏爱牢记此一可能——存在的理由不假外求。”高三的学生读着这样的诗，怎能不从心底里燃起希望的火焰？印雯同学偏爱叙利亚诗人阿多尼斯的《我的孤独是一座花园：阿多尼斯诗选》，这是一部横跨阿多尼斯创作生涯近五十年的诗歌选集。诗人一生保持着孩子般的好奇心，他始终以饱满的热情发问，仿佛心中永远装着十万个为什么，他知道，“真正的凯旋，在于你不断地毁灭你的凯旋门”。因此他必须像一名永不停歇的过客走下去，问下去。高三课堂往往会失去生命力，不见“学”，更不闻“问”。读阿多尼斯的诗歌，将会给封闭的高三带来旺盛的活力。祝凌生推荐阅读葡萄牙作家费尔南多·佩索阿的随笔集《不安之书》，钟明浩推荐阅读法国诗人夏尔·波德莱尔的《巴黎的忧郁》，刘逸菲推荐阅读黎巴嫩诗人纪·哈·纪伯伦的《我的心只悲伤七次》。最可贵的是，余格格同学特别喜欢鲁迅的散文诗集《野草》。这部诗集真实地记述了鲁迅在二十世纪二十年代初期的内心世界，北洋军阀统治严酷，新文化统一战线分化，极度苦闷中的鲁迅颓唐、孤独、寂寞，但对理想的追求仍未幻灭，他还在彷徨中探索前进。在阴晴多变的高三读一读《野草》，或许会从鲁迅身上找到韧性战斗、反抗绝望的哲学力量。

学生一生中将经历许多教师，能成为他们的引路人或心中明灯的又能有几人？王郁池、徐子麟同学曾是我的同事周春梅老师的学生，他们深爱着周老师，包括她的著作《一间辽阔的教室》。在这本书里，他们继续感受着周老师爱的教育的温暖和诗意的情怀。这一点让我羡慕、感动。

陈平原教授说：“如果你半夜醒来发现自己已经好长时间没读书，而且没有任何负罪感的时候，你就必须知道，你已经堕落了。不是说书本身特了不起，而是读书这个行为意味着你没有完全认同于这个现世和现实，你还有不满，你还有追求，你还在奋斗，你还在寻找另一种可能，另一种生活方式。”

慢慢来，带一本书走过高三，只要你愿意。

辑二

写下你的名字：自由

写下你的名字：自由

同事说她有“开学恐惧症”，一个暑假没去学校，临近开学越发忐忑。她是教学的完美主义者，每一节课都要追求高品质，希望学生能通过她的课堂通向辽阔的世界。我暑期隔三岔五去学校，但要开学了还是颇为恐惧。我的恐惧没有她的唯美，只是担心上不好第一节课。

第八次教高一，我的恐慌症状没有一点儿减轻，反而更为强烈。我原本青春、阳光、自信的面庞，已经留下了岁月的斑痕，正值最美年华的学生能接受我这个陌生的中年人吗？他们的知识结构会不会已经发生了巨大变化？他们会在我的课堂上如坐针毡吗？我读过的书是不是他们需要的？我提出的学习要求他们能执行吗？……总有几个晚上，枕着无数的问题，我翻来覆去无法入眠。焦躁之中，我随手翻阅起一部诗集，读到法国诗人保尔·艾吕雅写于1942年的一首诗《自由》，读到诗的最后几句时，我猛然醒悟：自我囚禁的灵魂往往找不到自由。学生又何尝不忐忑呢？教师的教学水平高吗？他会喜欢我吗？他的作业多吗？他会很严厉吗？……是的，我们都被自己亲手制造的囚笼监禁了，如果找不到出路，将被判终身监禁。不如和学生一起憧憬，一同向往自由。

这次开学第一课，我们的教学内容设定为：畅想自由。教学流程简单到极致，就是续写保尔·艾吕雅的诗《自由》，再用你认为合适的语调朗读出来：

在我的小学生练习簿上 / 在我的课桌上树皮上 / 在沙上在雪上 / 我写着你的名字

在读过的每一页上 / 在空白的每一页上 / 不论是石上血上纸上灰上 / 我写着你的名字

…………（请接着往下写几个段落）

凭着一个词儿的力量 / 我重新开始我的生活 / 我生到世上来就为了认识你 / 为了呼唤你的名字 / 自由

教室里静悄悄的，大家陷入了沉思。

自由是一个可以抽象出无数个定义的词语，更是一个可以幻化出千万个画面和场景的动人词语。教育的理想境界，就是让人渴望并拥有自由。

青春是一个五颜六色的季节，被限制在课桌上和教室内的青春是干瘪的，同学们在《自由》诗里向往着融入自然的美好：

在梧桐翠绿的树叶上 / 在插画洁白的花瓣上 / 在橘树橙色的果实上
在杏叶漂泊的池塘上 / 在阳光倾洒的草原上 / 在微风拂过的桃园上
在饱经风霜的古树上 / 在微微润湿的土壤上 / 在晶莹闪烁的露珠上
在蒲公英的绒毛上 / 在松鼠的树洞上 / 在断木的年轮上
写下你的名字 / 自由

他们也不只是麻木的乐观者，还有对现实的冷静认识，他们知道更可贵的自由有时在沼泽或者泥潭里。他们还想将自由写——

在迷茫的白雾上 / 在绝望的沼泽上 / 在蒸腾的沙漠上
在湖面的薄冰上 / 在荒野的缝隙上 / 在苍穹的雾霾上

这就是能战胜一切苦厄的年轻人，不屈不挠的意志奔放在他们的眉宇间。教师岂能将他们当作学习的奴隶？听，他们在呐喊，要在这些地方呼唤自由：

在所有的习题上／在宿舍坚硬的床板上／在所有用完的笔芯上
在运动场的塑胶跑道上／在计算机房的锁孔上／在实验室的玻璃杯上
在肃穆的教学楼上／在窗外落寞的树叶上／在时钟忙碌的指针上
在远方的歌谣上／在旋转的舞鞋上／在颤动的琴弦上

他们渴望拥有私人的阅读空间，不希望无休止的“课文”淹没了自己。他们想把刻板的“读书”变成“书生活”，“在床头亲密的书本上”“在注满我的目光的诗行上”“在手指抚过的墨迹上”“在草木繁荣的诗集上”“在青春生长的小说上”“在哈桑为阿米尔放飞的风筝上”“在菲奥娜荆棘鸟一样的翅膀上”……在这里，他们都想写下“自由”，因为在那里他们能够听到年轻的心泉流动的声音，能够看到别人无法理解的微笑和眼泪。

青春总是和昂首阔步相关，年轻总是和苍穹相连，他们在黑夜里思念太阳，在白昼里想着星星，在默无声息的日子里畅想着惊天动地，在遥远的黑洞里描述着五色斑斓。他们不相信浩渺等于虚无，不变等于永恒，他们总在别人看不到的地方做着梦。他们想将自由送向苍穹：

在雄鹰疾飞的气流上／在如烟的银河上／在无数个光年的距离上
在黯色的黑子上／在灼目的耀斑上／在太阳系唯一的恒星上

他们在用最年轻的头脑思考人生，在以最活跃的思维对抗封闭，激情澎湃，不由自主，却又流露着无可奈何的忧伤。

他们不只关心自己，也关心历史，关怀人类，这是可贵的青春诗情。

他们要——

在奥斯维辛监牢的墙壁上 / 在明城墙的每一块砖上 / 在伊拉克升腾的民怨上

在残破的瓦片上 / 在漆黑的焦土上 / 在蒙尘的龙椅上

在价格飙升的葱姜蒜上 / 在拆迁工地的断壁颓垣上 / 在空巢老人的眉毛上

在执法队员的罚单上 / 在农民工回家的车票上 / 在博物馆大门的铜环上

写下你的名字 / 自由。

他们不是可以随意捏弄的玩偶，而是渴望自然，向往天空，追求独立，关心并热爱历史、人类的可贵生命！然而，自由绝对不等于放任自流，孔子年七十方能“从心所欲，不逾矩”。只有高度自觉的人才能获得自由。当我告诉学生这个道理时，他们都信任地点起了头。

大家以接龙的方式朗读着自己的“自由”诗篇，炽热的青春气息在教室里盘旋着，我的忐忑、恐惧化为了灰烬。

自由，是学生的理想，也是我的追求。他们目光所及的地方，正是我该去的地方。他们憧憬的自由在哪里，我的教学重心就应该在哪里，因为我们是同路人。

在有光的课堂上

一所小学开设了“百家课堂”，授课者的身份、职业不限，在某一方面有自己的感悟就行。大概学校领导认为我是一名语文老师，而且单位就在附近，便让我去给四年级的学生上一节课。我上一次在小学上课，已经是二十多年前的事了。近年来虽然我观摩过一些小学语文课，但常年在高中教学，已经不知道该如何面对十一二岁的学生了。想到他们扑闪着的明亮的眼睛，我竟有些忐忑不安。此时，我才真正意识到，好玩、有意思、有智慧的课堂才是真正的课堂。而这样的课堂一定是“有光”的，它将引导学生走向宽阔与光明。

想起很多学生对汉字缺乏亲近感的现象，我便选择了“好玩的汉字”这个话题，试图让大家在玩游戏中与汉字建立情感，对汉字的运用也由机械走向灵活。我问大家：“汉字好玩吗?”“不好玩，太复杂了，我常写错别字!”“好玩，方方正正，挺好看的，比歪七扭八的英文字母漂亮。”“不好玩，一个字有好多意思，脑子转不过来。”我趁机说：“今天我们一起来做游戏，看看汉字到底好不好玩。”好多学生的眼睛立刻亮了起来，眸子里透着十分的好奇。

为了调动大家的兴趣，课堂的第一个环节我设计了两个活动，都是根据语句的意思填写一个字的活动。

活动一是补写圣野的诗歌《手套》中的一个字：

一只手套不见了
另一只手套__了
不知藏在袋里好
还是戴在手上好
觉得
非常的冷清

原文是一个“哭”字，从字面意思来看，表现的是两只手套相互依靠的深情。“哭”，是对这一情感最直接的表现，也易于被读者接受，很容易让人想起小朋友之间难舍难分的情感。然而，接下来的发言却“失控”了。一个学生说填“老”字，爷爷和奶奶原来是一对温暖的手套，奶奶去世后，爷爷忽然老了许多，总是坐立不安，而且越来越怕冷。他没有只从自己出发，而是想到了亲人离世的伤痛，“老”字的背后是他对爷爷生活的观察、关心和感悟。一个“老”字，能从四年级学生口中说出，令人感动，也让人欣慰。另一个学生说，他想填一个“灰”字，手套都是成对出现的，当一只手套不见了的时候，人们往往会将另一只扔在一个黑暗的角落，它落上了灰，脏兮兮的，也就成了“灰”的了。这让他想起了一些乐队组合，当一个人离去时，另一个人也就不再被人关注，成了被冷落的人。从手套到人，再到人情冷暖，“灰”已经不只是一个表示颜色的字，分明有了丰富的表情和复杂的情感。大家不甘示弱，一连串出乎意料的汉字从他们聪明的小脑袋里蹦了出来：白、瘦、热、湿、愁、傻……就是没有一个学生说“哭”字，但每一个字都有“哭”无法抵达的深度或广度。

活动二是给一句话填一个字。这个活动借鉴了肖培东老师的做法，肖老师让学生填的句子是“风，把路__了”。我将情境改为“雨，把城墙滴__了”。明城墙是南京历史文化的见证，几乎每个南京人都和它有着亲密的接触。况且，距这所学校不足五百米就有一段连接三个城门的城墙。

我问："小朋友们，爬过城墙吗？"大家异口同声地回答"爬过"。我又问："在雨天登过城墙吗？"多数学生登城墙时没有逢着下雨，但儿童最不缺乏的就是想象和联想。一阵"骚乱"之后，一个学生举起了手，他想填一个"哭"字。原以为他只是受上一环节的影响，敷衍一个字罢了，然而他的解释却让大家刮目相看。他说要为城墙呐喊，现在环境污染严重，酸雨会慢慢腐蚀城砖，所以城墙哭了。接下来大家的发言，远远超出了我的预设，他们填的每一个字都能自圆其说且耐人寻味。一个长辫子女生想填"醒"字，她说，平时看城墙一副灰头土脸、昏昏欲睡的样子，雨滴落在城墙上，就像给它洗过澡一样，它神清气爽了许多。一个小个子男生跃跃欲试，直接站了起来，他说想填一个"断"字。全班同学哄堂大笑，都觉得这个想法太离谱了。他解释说："我是站在远处看的，毛毛雨滴落在城墙上，城头烟雾缭绕，有的地方看得清楚，有的地方模糊一片，城墙不就'断'了吗？"说完，他昂起头，一副自得其乐的样子。教室里立刻响起了热烈的掌声。他似乎被鼓舞了，表示还要献上一个字——"飞"，并解释说，城墙在烟雾中，感觉就像在飞翔。又是一阵掌声。课后，有人告诉我，这个学生平时调皮捣蛋，很难安静下来，不大被同学认可。在这节课上，他收获了两次热烈的掌声，但愿这能成为他前行道路上的微光。

两个活动结束了，我问大家："汉字好玩吗？""好玩！"清脆而响亮的童声在教室里回荡。课才进行到一半，有学生忍不住了，大声地催促我："老师，继续玩吧！"见大家的情绪已经被调动起来，我便推出了第二个环节"给汉字摆造型"，即将一组偏旁部首相同的汉字摆成某一造型，表现一种特定的情绪。这是一个开放性学习活动，试图让学生在游戏中认识形声字形旁的表意功能。同学们先在纸上写下同一偏旁部首的汉字，然后根据要表达的情绪排列组合出想要的造型。活动中大家都很兴奋，在纸上摆弄着汉字，回忆、查找、筛选、设计……或独立思考，或相互帮助，还有同学主动查起了字典。"忄""亻""扌""氵"成了大家集中关注的对象，摆放的造型更是充满童趣，而表达的情绪也多种多样。例如，对未来的担忧与憧憬、对朋友的关心与牵挂、对自我惰性的不满和抗争、对自由天地的向往和赞美等。其中，“火”字旁的汉字组成的金字塔造型引发了课堂的碰撞：

焰
烧烤
焚烘焙
炒炖煲炼
炙焖熔焊炸
炉煤灶烛灯烟

一个学生说，他要表达的是“煎熬”的感觉，这一点和自己的生活现状相似。此言一出，我的心有些痛，小学时期是培养兴趣的起点，但社会、家庭、学校给他们的压力太大，而他们的手掌却又太小。有同学说他看到这个“金字塔”，内心产生了一股子的“热”情。这是因为有很多事本来就很无奈，烦恼可以炒、炖、煲、炼、焖，还可以烧、烤、熔、炸，只要有炉、煤、灶、烛、灯，希望的火焰就不会熄灭。这一认识让我欣慰不已，也赢得了全班同学的赞叹。看来，这样“玩”不但能认识汉字的构造，也是发泄情绪的一种方式，更是认识情绪并形成处理情绪的智慧的契机。

日常教学中，我发现很多学生接触汉字是被动的，以“看”“读”为主，极少主动在汉字和生活之间建立关联，将汉字的美融入生活。因此，第三个环节的内容是“汉字玩转生活”。我给出了一个任务：发挥你的想象，给学校跳高运动场地做一个宣传标语，只能出现“跳”和“高”这两个汉字，可以根据需要变化这两个字出现的数量、顺序，以及字体、字号等。

小学生大多钟情于“设计”，可能跟他们喜欢玩的特性有关。课堂上呈现的图案妙趣横生，有人这样设计，认为只要坚持跳下去，就会越来越高：

跳高高高高高高高高高高高高高

对此，有学生提出不同看法，觉得应当是总体趋势越来越高，过程中或许还有反复，出现滑坡也未可知，建议将这一事实也告诉大家，科学的励志才能真正打动人。因此，“高”字的高度应当有些波动。也有人不同意，认为标语的主要作用是鼓舞人心，“波动图”不适合放在运动场上，可以放到心理治疗室里。还有学生认为，过分强调“高”会让人好高骛远，“跳”才是最重要的，建议这样改：

跳高跳高跳高跳高跳高跳高跳高跳高跳高跳高

还能不能更艺术一点儿呢？我出示了著名书籍设计师朱赢椿的《设计诗》中的一幅经典作品：

花苞起

花蕊现

花瓣打开

图片一出，课堂立刻沸腾了！正当大家讨论得热火朝天时，下课铃

却打响了。很遗憾我没能看到学生精彩的创意，好在他们的学习才起步，路还长。下课了，一群学生围着我，描述他们的设想，稚嫩的脸上写满兴奋和快乐。

回到办公室，我的心情久久不能平静。教书近二十年了，我上过的课已近八千节，其间很多是教师一言堂的"独角课"、不明就里的"烟雾课"，甚至还有一些将学生带偏的"拐子课"，令我和学生如此兴奋的课为数并不多。今天，或许是我教学的一个新起点。

翻开学生的随笔，一段话深深地吸引了我："能坐在保志明老师的课堂上学习，真是一种幸福。她的每一节课都透着一股神奇的光，引领我们走向光明的化学殿堂。"在课业负担越来越重的今天，还能有多少课堂是自由、智慧、轻松、愉悦的，又有多少是令人神往的？遑论令人幸福的课堂了。然而，这个班的学生却十分期待他们的化学课，只要保老师一出现在教室里，大家的目光便立刻明亮起来。她，应当成为我学习的对象。

什么样的课堂是有未来的课堂？有光的课堂才是有未来的课堂。

学生的幸福在哪里？在有光的课堂上。

学生眼中的“幸福语文课”

是讲高中语文学习方法，还是提日常学习要求？第五次教高一，起始课该上什么内容呢？无意中我翻到2007年9月12日《中国青年报·冰点周刊》中的一篇文章《哈佛大学“幸福课”：我们究竟为什么不开心？》，其中的一段文字吸引了我：“出人意料，去年哈佛最受欢迎的选修课是‘幸福课’，听课人数超过了王牌课‘经济学导论’。”

“幸福”是一个温暖而令人向往的字眼，如果我的语文课是让人幸福的，那该多好！

学生眼中的“幸福语文课”是什么样的呢？我灵机一动，便将第一课的内容定为：我心中的幸福语文课。话题一经抛出，立刻得到大家的积极响应，很多同学开始控诉曾经的语文课，当然也有怀念的。王琦奇同学的话让我惊出一身冷汗：“语文课是我最喜爱的课，因为这就如同听妈妈讲故事一样，不仅可以享受故事的盛宴，还能品味古今中外丰富的文化。但是罩上了‘应试’的阴云后，语文课就变样了。它不再是陶冶情操的学科，而是转变成机械的模式了。看到这个题目就套这个公式，瞧到那个问题就用那个公式……语文所具有的特征就灰飞烟灭了。初三时，就有很多同学对语文怀着莫名的仇恨。现在有的学校流传着这样一句话：‘一怕写作文，二怕文言文，三怕周树人。’同学们对语文竟怕到如此地步，这真是莫大的悲哀呀！”

接下来，教室里很安静，大家陷入了对“我心中的幸福语文课”的遐想。很多同学不由自主地拿起笔在纸上写下对“我心中的幸福语文课”的构想。讨论交流环节，大家的发言让我这个教了13年书的语文老师有了“从头再来”的冲动。

大家一致认为，幸福的语文课一般是“快乐的”。快乐，是一个简单的词语，却不知从何时起变成了一种难以企及的境界。其实，快乐很简单，说白了就是满足，就是开心，就是笑脸……可是，怎样才能让学生感到快乐呢?

薛曼宁说：“幸福的语文课应该多一些风趣幽默的片段。可以让同学们从昏昏欲睡中重振精神，这样也能营造一个放松、快乐而和谐的学习氛围。”许多同学对幽默进行了解释：语文课上的幽默，并不是讲一些粗俗的笑话，而是机智，有情趣，有些“语文味儿”。建筑历史学家梁思成在扬州做关于古建筑维修问题的学术报告时，说自己是无“齿”之徒，满堂听众愕然。梁先生接着说，他的牙齿没有了，在美国装上了假牙。因为上了年纪，牙齿不是纯白色，略带点儿黄色，所以看不出是假牙，这就叫“修旧如旧”。修复古建筑也要这样，不能“焕然一新”。这个报告“借齿发挥”，幽默至极。有点儿幽默感，这是学生对语文老师提出的一个看似简单、实则困难重重的要求。很多中国人缺乏幽默感，不会开玩笑，也常常开不起玩笑，情商确乎有些低下。当然，我知道学生要的幽默，不是肤浅的搞笑，也不是毫无意义的嬉闹，而是透着涵养、智慧的轻松。看来，我们要提升的可能不只是专业水平，还包括气质和修养。

嵇钰钦同学说：“当我们疲倦的时候，可以进行讲故事比赛，老师和同学比赛，或者同学之间比赛，讲文坛掌故或民间趣事，以活跃气氛。”有类似想法的同学颇多。陆晓妍同学说：“在课时允许的情况下，可以让同学们自发组织语文实践活动，做PPT，为同学们上课。如抢答、积分竞赛、接龙等都可以活跃气氛，激发同学们的热情，我们初中的语文课堂就是这样的。”不要嘲笑学生们的这点看上去有点儿“小儿科”的期盼，因为我们的语文课堂沉闷得太久了。我们要适时、适当地组织一些语文活动，不要忘了游戏是一种很好的学习方式，况且真正的语文活动还不只是游戏。

张和为同学说："语文老师布置的作业不要太多，最好是有趣、有意义的作业。老师从不会让我们抄课文，翻译文言文也不会让我们都写下来。如果作业永远都是简单而精巧的，这对我们而言就是一件快乐的事。"不少同学提醒我："少布置一点儿'无从入手'的作业，少做一些让人'百思不得其解'的练习题，这会让我们感到无比快乐！"也有同学动情地说："语文作业不是越多越好，最好能让我们有主动去做的冲动。"还有同学积极地支着儿："可以多布置一些作业，再让大家根据自己的能力选择，也可以让同学自己设计一些题目，然后师生共同筛选。作业是我们自己挑选的，我们会感到快乐的。"更有同学怀着对语文的敬重说："语文作业必须尊重语文的特性，不要让我们做一些违背语文规律的所谓'作业'。"其实，语文作业布置什么，布置多少为宜，这不仅是一个教学环节，也是一种科学，更是一门艺术。

胡玉凰同学的一句话让我醍醐灌顶："老师能真正快乐地上课，我们才能从心底里感到快乐。"我是一个比较容易被情绪左右的人，常为所处的教学大环境忧愤，也常被一些琐碎的任务和要求压迫得想大发雷霆，也常为自己读不进书而感到苦恼……有时会不自觉地流露出烦躁和痛苦的情绪，从而影响课堂应有的氛围。两年前的一个学生曾说过一句经典的话："怨恨就像自己服了毒，却在等待别人死亡。"是的，也许今后我必须在上课之前提醒自己：我的痛苦，只是没有蒸发的气泡，一屋子渴望的眼神，足以将它吓跑。

我曾听说在一个语文教研活动中，小学、初中和高中的语文老师分别上了一节阅读课，结果大家的评价是：高中的语文课追求"语文味"，却有点儿乏味；初中的语文课规范，却有点儿单调；小学的语文课灵活多彩，学生表现得最活跃。其实这就是目前语文课堂的普遍现象，个中缘由诸君一定心知肚明。

幸福的语文课，快乐虽然重要，但绝不是一味傻笑，没有质量的快乐只能是一种浮躁。思想获得发展的程度，才是衡量语文课幸福指数最重要的标准。

赵然同学的想法让我警醒："语文课是展示文化的美丽的课，沉闷死板绝不是好的氛围，希望老师能让课堂充满乐趣，给我们讲解的不仅仅是教参中的内容，还有一些自己的见解。"我们生活在一个信息化时代，教参中的那点儿内容也许学生们早就获知；又或者这些内容只是一些既定的知识，缺乏演绎、推理的思维过程，绝对不能直接告知学生。学生们更渴望教师"有一些自己的见解"，而"自己的见解"一定与教师的阅读、思考和写作体验紧密相关。比如，教食指的《相信未来》时，如果只是从意象赏析等单纯的鉴赏角度授课，学生往往就会对诗歌失去知觉。又或者是朗读指导，也会因为缺乏诗人般的情绪体验，让朗读失去应有的滋味。这就需要教师谙熟食指的精神世界和现代诗歌的话语表达方式，最好能有一些诗歌写作的经验，否则，千教万教总感觉"棋差一着"。

周润湫同学认为，学生要获得"活的思想"，离不开老师逐步深入的引导，他举例说："理解'到乡翻似烂柯人'一句，'烂柯人'乃何许人也？老师一番解释，原来是晋人王质。再如，《最后一课》中，为何法国领土上会有普鲁士士兵？哦，原来在普法战争中法国战败了。为什么会打仗？为什么会打败仗？老师再一番解释，同学们都明白了。而且我还知道了《柏林之围》《羊脂球》这些与之相关联的作品，我肯定会去读的。拓展的内容未必会考到，但是知道一点就会多一点知识，多一份兴趣，多一种可能。如果老师能再讲讲自己的想法，和同学们交流交流，那可就真是太幸福了。"章洁然同学的话我们必须重视："思想并不是越艰涩难懂越好，应当形象生动，深入浅出。比如对古文和古诗的讲解，希望可以通俗易懂，又不失意蕴。"

很多同学认为，如果想让同学们深入思考，语文课堂就必须是自由、平等的。梁静茹同学说："理想中的语文课，不是只如旧式教育一样读、背各种古文，也不是如初三时一样整天背一些答题技巧和试卷题目，而应该是同学们和老师一起讨论、理解、领悟文章。”薛曼宁说：“同学们可以任意发表自己对文章或一些语句的看法，自由地抒发自己独特的见解，而在独立思考时也许是鸦雀无声的。”胡玉凰同学说了一段深刻的话：“老师提出问题后，要多让我们讨论、交流，多鼓励我们发表观点，注重语文思维——令人遐想的形象思维和有深度的逻辑思维能力的培养。”梁国栋同学特别诚恳地说：“能和同学多多互动一些，让彼此有交心的感觉。而老师跟我们不仅仅是师生关系，还能做可以谈话、交心的朋友。那样，或许我对语文的认识会有所改观。”许青同学的三条建议给我很大的启迪：“课堂讨论自然热烈，会则说，不会则思考，不用时刻担心被老师点起回答不会的问题。做一些自然的事，比如读书、朗读、体会，而不是为了体现学生的探究精神提出一些生硬的问题。凡事不要急，不要赶，要让我们慢慢思考，慢慢来。”姜润洲同学还郑重指出：“课堂上老师和同学是平等的，老师不能以权威的口吻吓唬人，要尊重同学们每一个思考过的观点，可以相互讨论，最好不要‘单方面’授课。”优秀的语文老师，可能不是颐指气使的“学霸”，而是追求自由、崇尚平等的“自然人”。所谓“自然人”，就是将自己当成“真人”而不是端着架子的人，将自己当成发展中的“成长人”而不是“到此为止”的人。只有这样，我们才能感觉到学生和自己同在。

不少同学提到应当“读写结合”，读得兴奋，写得激动，思想的火花才能闪现。陆晓妍同学说：“老师在课堂上要多补充一些课外知识。我的小学语文老师上课时总是引用典故、成语，平时也会推荐书目给我们，那时候我就很喜欢上语文课。而初中的语文老师写作的文采特别好，我也非常喜欢。”梁静茹同学说：“每节语文课，老师可以留出 5~10 分钟的时间让同学们阅读一些名家的作品，讲一些作者的生平故事，让同学们扩大知识量，增长见识。”周祖吉同学说：“希望老师能够推荐一些有思想深度的书，并与同学们交流。提高同学们对深层含义的理解能力，我倡导深度阅读。”张睿奇同学希望：“老师能指引我们阅读学习近代国内外的优秀图书，其中有一部分可能不是大众所熟识的作品，但是有很强的趣味性，也很有文学价值。”他还进一步说：“老师和同学都要‘脚踏实地’地对待语文，社会上不缺上知天文、下知地理的人才，但缺少能关注身边一草一木，乐于观察生活之美、体验生活之乐的人。前者可以叫‘人才’，也可以叫‘百科全书’，或‘复读机’‘录音机’，而后者才是真正活在大地上的人。”梁静茹同学特别强调读与写的结合，她说：“老师可以从每周的随笔中挑选一些文笔好的、有思想的念给大家听。而我认为随笔的内容应该如‘随笔’其名一样，随意一些，千万不能都写成传说中的‘八股文’。学生可以读各类图书并写阅读感悟和思考，读自己的生活写见闻和体会，也可以读社会万象写人情和人性……”一位同学调皮地说：“我知道自己的作文写得不怎么样，但是如果我哪一句话写得不错，或者有一天灵感来袭，写了一篇还算不错的文章，要是老师浓墨重彩地点评一番，再煞有介事地当众表扬一下，那么我的虚荣心就一定会瞬间得到满足。那时的我一定是最幸福的！而幸福的我也会逐渐淡忘曾经的粗鄙，作为思想者的幸福感也一定会传遍全身！”

还有很多同学希望能有些走出教室的语文活动课，让思想在更鲜活、广阔的天地里获得。刘雅宣同学说：“希望有时间可以开展丰富的语文活动，将我们带入社会和大自然，把语文与生活联系起来。”许青同学也建议：“有条件可以到大自然中体会文章的气韵。”这让我想起前两届做过的“校园一景写作”“未名湖畔说‘水’”“假山前说‘山’”“芭蕉叶前说‘绿’”“鲁迅像前说‘人’”，以及后来施行的“观察日记”等写作活动。从整个活动的过程和结果来看，学生的参与状态是积极主动的，而获得的思想认识更是中规中矩的课堂教学难以企及的。王琦奇同学的话我特别欣赏：“希望能给我们充分的时间冥想。在放学回家坐公交车时，我的头脑里就总是会想一些奇妙的东西。比如，应试教育的缺点何在？能否用一种新的教育方式替代它？……”

有同学说："思想并快乐着，这就是语文课堂最大的幸福。"也有同学补充说："思想并痛苦着，未必就不是一堂幸福的语文课，关键要看为什么而痛苦。如果是因为老师上课无趣而痛苦，这样的语文课就一定是不幸福的。如果是因为主题内容让我们产生了痛苦的情绪，比如战争的创伤、底层的痛苦等，这样的情绪会让我们体验到痛苦并产生做一点儿事的冲动，这样的语文课就一定是幸福的。"另一位同学说得更形象："老师能和我们一起哭，一起笑，一起唠唠叨叨，动情、动心，这样的课也是幸福的课。"我有幸聆听过"情境教育"的倡导者李吉林老师的一节语文课，学生们时而说笑，时而痛楚，时而争论，时而沉思，脸上的表情丰富而幸福。不知道，这算不算同学们眼中"有思想的"幸福的语文课呢?

然而，不得不说的是，多数同学没有摆脱高考的阴影。周润湫同学的观点颇具代表性，他说："虽然许多中小学生勇敢地批评了高考制度，可我却认为这是当下最公平、最符合国情的制度。希望语文课上也有一些能应付考试的技巧和方法，让我们轻松考试，敢于考试。一旦战胜考试，就离理想又近了一步。我相信，当我们的理想实现的时候，一定有同学愿意做一名教师，为将来的学生带去更多幸福的语文课。"我们都知道目前的考试制度和测试内容有很多值得商榷的地方，但又必须面对。怎么办呢？我坚定地说："只要我们的语文课是幸福的，同学们在高考中出现悲剧的概率就一定会大大降低！"

整理完上述内容，我忽然发觉它们属于教学中应知应会的内容。

原来，追求"幸福语文课"的最佳方法就是回归教育常识。

别装了，他们都看透了

昨天和学生一起欣赏戴望舒的诗歌《雨巷》，我习惯性地抛出一个问题：“关于《雨巷》的主题，有人说是爱情诗，也有人说是哲理诗，还有人说是政治诗，大家的观点呢？”有同学轻声地说：“都可以。”我匆匆扫了她一眼，并没有留意，更没有停下来做出回应，便组织学生进入了“探究”环节。

课堂自然是热烈的，“爱情”“哲理”“政治”，任何一个角度学生都能自圆其说。大家发言踊跃，课堂气氛也异常热烈。一个传统的“探究”环节就这样圆满地结束了。

下课铃快打响时，我开始布置卞之琳的《断章》的预习作业：“《断章》是一首咀嚼不尽的经典短诗，你们觉得它是一首怎样的诗？爱情诗？哲理诗？还是其他？”

“都可以！”大家异口同声地脱口而出，课堂在一片嬉笑声中结束。

我被他们的“都可以”惊出了一身冷汗！无论是《雨巷》，还是《断章》，多少读者、学者经过无数次的阅读才得出“究竟写的是什么”的认知，到学生这儿，得出答案为什么就这么轻而易举，而且看上去那么“顺理成章”呢？

我问一个学生：“你们笑什么？”他说：“这就是‘套路’，我们对类似的‘套路问题’已经轻车熟路。”

前些年，阅读理解测评开始流行“探究题”，诸如此类的题目自然不在少数。学生说，老师曾教给他们一个“解题秘诀”：公说公有理，婆说婆有理，不管谁有理，都可以顺着一家往下理。既然“有人”这样说，那就一定有他的道理，到底哪一个更有理？只要选择“能答”“好答”的一种说法作答即可。这哪里是阅读探究？分明是投机取巧。将阅读教学应试化，是教学中普遍存在的问题。教师深陷其中不能觉醒，学生则难以自拔，久而久之，便会省略思考的过程，选择性地“一叶障目”。长此以往，除了使阅读变得乏味，最大的可能，便是将阅读推向死无葬身之地。

不得不反思我在课堂上究竟是怎样提问的。仔细想来，直接抛出“有人说”，其危害是显而易见的：剥夺了学生主动思考的权利，以“有人说”取代学生的“我想说”，将充满未知的探索变成了目标明确的单一“证明”。我们经常埋怨学生主动性差，既提不出问题，也解决不了问题，却很少放手让学生去发现；经常让学生在对“有的人”的观点的证明中消磨时光，却很少让他们主动思考，甚至扼杀他们主动探究的兴趣。这样的课堂，看上去花团锦簇，其实只是“金玉其外”罢了。

回想学生面对“有人说”的提问时显露的神情，除了几乎不用思考便可得出答案的轻率，还有掌握了提问套路后的不屑。不愿意看到的学生的模样，偏偏是我们一手“塑造”出来的，这是教师最大的悲哀。

我问大家：“哪些课文老师会以‘有人说’的方式让大家展开‘讨论’?”

有的说，学习郭沫若的诗歌《天上的街市》时，语文老师会问：“有人说，这是一首爱情诗，牛郎织女打破传统，闲游街市，表达了诗人对有情人终成眷属的渴望和祝福。有人说，这是一首政治诗，用牛郎织女提灯夜游，象征美好的幸福生活，反衬当时社会的不安稳和百姓的痛苦，表达了诗人对现实世界的强烈不满、愤怒以及求之不得的悲哀。还有人说，这是一首哲理诗，揭示了理想和现实之间的关系。大家怎么看呢?”

有的说，阅读陶渊明的《桃花源记》时，语文老师会问：“有人说，这是一篇向往自给自足的隐逸生活的抒情文，描写了一种与世隔绝的田园生活。有人说，这是一篇政治文，是陶渊明不满于时代现状而在纸上构建的一个‘乌托邦’。还有人说，这是一篇哲理文，表现的是‘山重水复疑无路，柳暗花明又一村’的人生趣味。你是怎么理解的？”

还有朱自清的《春》、鲁迅的《雪》……

这些课文都是教材中的经典篇目，都是教师“使劲儿教”的课文。学生从教师咬牙切齿或者苦口婆心的模样里，早就读出了“这很重要”的信息，自然也就重视起来。经典在成为探究对象的同时，更成了破坏的对象。如果总是这样“有人说”，长此以往，学生怎能在经典面前肃然起敬？没有过程的阅读，是在高尚面前暴露卑劣，在智慧面前展现愚昧……是对作家、作品的不敬，也是对人类文化的亵渎。

其实，探究，就是深入探讨、反复研究的意思，本不是什么高深的理论，自古有之。

清代姚范在《方颂椒山居记》中说：“与之登巉岩，披蓊茸，盘桓寄思，探究窈窕。”醉心山水，探古访幽，得自然妙趣，需要“探究”。宋代苏轼在《寄周安孺茶》中说：“自尔入江湖，寻僧访幽独。高人固多暇，探究亦颇熟。”寻访高人，追求高远，往往需要“探究”。唐代元行冲在《释疑论》中说：“康成於窜伏之中，理纷挐之典，志存探究，靡所咨谋。”读经典做学问，理出来龙去脉，自然离不开“探究”。真正的“探究”，不是“可以预约的雪”，而是“不得而知的雨”。山水如是，访问如是，学问亦如是。是什么让学生对文学鉴赏失去了探索的兴趣，而多了几分生搬硬套？课后，一个学生的回答令我震惊。他说：“这样多省劲哪，不费事答案就出来了。”阅读本来或许就是一种探险，正因为充满了未知，才令人神往。可他以“省劲”“不费事”为乐趣，这就失去了阅读本来的意义。至于在真正的经典面前，变得束手无策，也就不足为怪了。是的，我们应当还阅读以过程，因为那里有风雨雷电雾霭山岚，有喜怒哀乐，还有思考与彷徨。

走捷径是人性的弱点。如若任其发展，在不久的将来，我们将会面对一群只关心答案而不在乎也不阅读作品的人。而学生的这种阅读状况与教师的教学行为是密切相关的。

别装了，他们都看透了。

对不起，都是我的失误

在所有的娱乐中，我最怕的就是坐过山车，受不了直上云霄、随时可能被凌空抛出的刺激。今天的两节语文课，就让我经历了大起大落坐“过山车”般的体验。

上午第四节课，我准备了余秀华的诗歌《我爱你》，去掉最后两句请学生续写。投影如下：

我爱你

巴巴地活着，每天打水，煮饭，按时吃药
阳光好的时候就把自己放进去，像放一块陈皮
茶叶轮换着喝：菊花，茉莉，玫瑰，柠檬
这些美好的事物仿佛把我往春天的路上带

所以我一次次按住内心的雪
它们过于洁白过于接近春天

在干净的院子里读你的诗歌。这人间情事
恍惚如突然飞过的麻雀儿
而光阴皎洁。我不适宜肝肠寸断

如果给你寄一本书，我不会寄给你诗歌
我要给你一本关于植物，关于庄稼的

这首诗的意思非常明晰：现实生活单调、苦涩得无法言说，“每天打水，煮饭，按时吃药”，想要的幸福无法获得，只能“巴巴地活着”，把希望寄托在自我营造的纯净世界里。诗人走进阳光，“茶叶轮换着喝：菊花，茉莉，玫瑰，柠檬”，甜蜜而又梦幻，仿佛被“往春天的路上带”。她知道自己可能无法拥有春天，洁白的雪是她用来对抗苦难生活的内心，美好的想象如同春天，“过于接近春天”也许就是接近消融、死亡。她敏感地捕捉到，“人间情事”正如麻雀一样飞过，打扰着她虚构的时间和空间，将她拉回到现实时空。“你”是谁？也许是余秀华的某一个过往的“情人”，或者索性就是她自己。她要送给自己或者“他”一个礼物，不是也不能是诗歌，因为诗歌是她虚构的精神胜境，是隐秘的私人领地。然而，她要送什么呢？送一本关于植物和庄稼的书。通过这本书她究竟想说什么呢？

诗歌抛出去后，课堂上并没有出现我想象中的窃窃私语或者热烈讨论，而是陷入了一片死寂。这让我惊诧不已！往届学生在接诗游戏中，总能对出各种奇思妙想的句子，今天为什么出现如此状况?！一种“大难临头”的不祥预感从天而降！

教师在课堂上总是有特权的，你想不出来不代表我不会让你发言。只要有提问，就必然有一些答案。

生 1：因为植物和庄稼象征着我的生活 / 它们会代表我跟你说“我爱你”。

有的学生评价说，“象征着我的生活”“代表我跟你说”，语言风格明显与原诗不合。是的，这个学生可能存在一定的语感问题。

生 2：关于小麦、水稻生长的气候、环境 / 还有它们的距离以及我们的距离。

这句诗很有诗意，但意思上和上面的诗歌无法融为一体。学生们也注意到了这一点。

生 3：爱上它吧 / 你会有收获的。

发言的学生解释说，这样比较委婉、含蓄。这一点令全班同学惊诧不已。“爱上它”是含蓄？“收获”是含蓄？

几句诗接下来，我有了一种想要逃离课堂的冲动，教学语言似乎也有点儿“走形”。怎么回事？学生就是接不出和谐的诗句，这是什么阅读水平？原本这只是保尔·福尔的诗歌《回旋舞》课前的一个预热游戏环节，竟然用去二十多分钟，换回的却只是百般不协调。

无奈之下，我只得在大屏幕上投影诗歌的最后两句：

告诉你稻子和稗子的区别
告诉你一棵稗子提心吊胆的春天

“稗子”明显是余秀华的自喻，她是一个脑瘫患者，也是一株看上去可有可无、随时会被命运拔除的野草。余秀华是要告诉自己，认清自己“稗子”的身份，不要对幸福生活抱太多美好的希望。同学们都露出震惊的神情，被这两句诗震慑了。有的同学说，不由自主地对她产生了无限的同情。

这节课的后半段是体会《回旋舞》的节奏感。我请学生调换原诗六句话的顺序，重新组合成一首诗，和原文比较对读。诗歌组合不是难事，没想到朗读却成了难事，几个男生将诗歌读成了软绵绵一堆烂泥。这分明是“雪上加霜”，而我的内心却是“火上浇油”，一股无名火在内心燃烧，连自己必要的范读也忘记了。下课时，我的内心有说不出的愤懑，这是怎么回事？

去食堂的路上，我忽然想起，自己长期教“实验班”，又刚从高三到高一，是不是对学生的要求太高了？于是，我不禁有些自责，为自己不当的情绪而羞愧。

孔子说："躬自厚而薄责于人，则远怨矣。"我自己并没有亲身体验并续写几句诗，也没有去体会其间的难处，怎么能武断地责备学生呢？冷静地想一想，"植物""庄稼"的范围实在是太宽泛了，况且我面对的是一群城市里的学生，他们又怎能熟悉乡村农事，又怎能理解一个残障农妇的心境呢？我不"厚"，又怎能期待学生思如泉涌呢？

回到办公室，我翻开余秀华的诗集《月光落在左手上》，第一页就是《我爱你》这首诗，我顿时惊呆了！我打在投影上的诗歌竟然和广西师范大学出版社出版的这本诗集上的段落小节不一致！书上是：

我爱你

巴巴地活着，每天打水，煮饭，按时吃药
阳光好的时候就把自己放进去，像放一块陈皮
茶叶轮换着喝：菊花，茉莉，玫瑰，柠檬
这些美好的事物仿佛把我往春天的路上带
所以我一次次按住内心的雪
它们过于洁白过于接近春天

在干净的院子里读你的诗歌。这人间情事
恍惚如突然飞过的麻雀儿
而光阴皎洁。我不适宜肝肠寸断
如果给你寄一本书，我不会寄给你诗歌
我要给你一本关于植物，关于庄稼的
告诉你稻子和稗子的区别

告诉你一棵稗子提心吊胆的

看完书上的诗歌，我猛然间找到了自己的问题：忽略了诗歌排版正确性这个细节，直接从网络上拷贝下来，没有核对原书，过分依赖了网络！如果我将“告诉你稻子和稗子的区别”投影出来，那么学生接下一节诗句就简单多了！

下午第四节课，我怀着忐忑、羞愧的心情走进阅读课堂。今天我们一起进行“整本书阅读”之短篇小说合集阅读，内容是汝龙翻译、人民文学出版社出版的《契诃夫短篇小说选》。之前我已经请学生自读、摘抄、点评了两周，这一周我们开始进行课堂讨论。因为是阅读课的第一节课，我们一起读的是篇幅稍短的第一篇小说《不平的镜子》。经历了上午的挫败，我已经有了心理准备，估计学生会比较沉闷，说不出所以然。然而，由一个学生做了内容简介后，课堂迅速进入热烈讨论状态，其中阅读分享和疑问交流部分更是精彩纷呈！

大家关注到：小说中三处环境描写特别有趣、有味儿；关于曾祖母的文字体现了契诃夫的写作匠心；妻子快速被镜子吸引并非偶然；丈夫“我”其实也不“清白”；“我”最后“哈哈哈”的狂笑不同寻常；妻子自从照镜子后说话总是很“小声”别有意味；祖先的肖像和“傲慢而严厉”的训斥是不可忽略的细节；“美”不会因为无休止的幻想而成为真实；小说的主旨令人想到当代社会；等等。

最难得的是，有的学生对契诃夫的这篇小说提出了质疑，认为“夸张”超越了读者体验和感受的范围，有点儿为夸张而夸张。契诃夫出生于 1860 年，这篇小说写于 1883 年，当时年轻的他为了求发表，可能做了一些迎合报刊要求、读者口味的处理。契诃夫也年轻过，也要成长，相比于他后期的作品，这样的夸张明显有些稚嫩。

讨论中大家认识到，人们宁愿沉迷于虚幻的不真实，也不愿面对真实，这是现实所逼，也是人性的见证。从曾祖母到“我”的妻子，跨越了半个世纪，镜子还在，或许下一个五十年还会出现着迷于镜子的人。或许这个人早已出国，来到了我们身边，或许就是你和我。

上午第四节课和下午第四节课，恍惚之间，我觉得自己教的并不是同一个班。和上午相比，学生忽然变得机智、敏锐，表达也变得生动、准确。这是怎么回事？我兴奋不已。

此时，我特别想对可爱的学生说：对不起，都是我的失误！

做一个听众又何妨

每逢高三，有教师找我短期代课，我总是欣然前往。并不是因为我有多么高尚，而是因为在陌生的班级我往往会收获意外的惊喜。

高考模拟试卷讲评结束，还有20分钟才下课，代课班级一些表现欲特别强的学生开始各抒己见了。

有个学生首先对“高三毕业班的学生给语文老师赠送对联，下面最恰当的一副是……”一题发表“高论”，他说：“‘杏林分种逢春茂，橘井挹泉滋蕙香’一联中，‘杏林’的典故非常美好。相传名医董奉为人治病不收诊金，患者种杏树一棵即可，久之成杏林。董医生是一个传奇人物，他起死回生，妙手洒甘霖，以仁爱之心行医，他的举动就是一首浪漫的诗。古代中国道德教化的内容浩如烟海，却很少有轻松畅快的，至于浪漫诗意的就凤毛麟角了。今天，我们宣传一位道德高尚的医生，会写到他不收诊金，不大可能去写患者种杏树的细节。给道德站岗放哨的人会跳将出来说：‘这是另一种形式的沽名钓誉，有爱却不彻底。’中国从来就不缺少关于爱的教育，不对，应该是‘教训’或者‘训诫’。道德模范被人为地塑造成了一个个‘洁癖症患者’，难见‘私情’，少有‘人味儿’，如白云在天上飘，不食人间烟火。久而久之，人们除了敬佩之外，往往‘远之’。回首董奉，我们可以猜想，每当他踱步杏林时，一定会有发自内心的成就感吧？如此‘小幸福’，难道他不配、不能拥有吗？”

我们这一代人受过“纯粹的传统”教育，历来强调做人要正派、高尚。日常教育中往往忽略学生的“小需求”，试图以绝对的大道理管住其“小需求”。仔细想来，我们似乎犯了绝对主义错误，也就难怪教育不得学生之心了。我正想做一番“自我批评”，然而大家好像不准备给我机会。

另一个学生直接站起来说道：“对联‘书味本长宜细索，砚田可种勿抛荒’，从谦敬、语气等角度来看，此项当然该排除掉，自古哪有学生教训教师的道理？只有教师教训学生的常识！然而，我以为把这副对联送给当下的很多语文老师又是极恰当的。我的语文老师中，讲语少文者有之，无语无文者有之，有语有文者则罕见之。有些语文老师不读书、不写作的现象是无法隐去的事实，任你如何遮羞也无法掩盖。‘误人子弟’四个大字可以直接送给他们，‘书味本长宜细索，砚田可种勿抛荒’，说得太委婉啦，还不足以唤醒他们！然而，这一切又能怨谁？恨体制之不健全？政策之扭曲？最终恐怕还是要到国民劣根中去找。”

听他的发言，我情不自禁地检查起自己来：我是不是这样的教师？二十世纪八九十年代，教材相对固定，不少教师二十年用一套教案，不读书也能讲得津津有味。这二十年中，相当一部分人被培养成眼界狭窄，却能精耕细作的人。二十世纪末，大面积应试之风刮起，一批批通过应试获得成功的人开始走上教师岗位，他们的骨子里已经被烙上了深深的应试印记，他们几乎没有主动阅读的意识和能力。新课改来临，专家们高呼要读书，他们也认为要读书，于是便加入了呼吁阅读的拉拉队，成为一群自己不读书却让别人读书的群众演员。学生是聪明的，不要以为他们对这些把戏浑然不知。一个人的阅读会和气质、言谈直接相关，化为血液，长成精神，一眼便能看出来。可以毫不夸张地说，如今在读书这件事上，许多学生已经可以做教师的教师。教师不如老老实实地坐下来和学生一起读，欣然接受他们送过来的这副励志对联，总好过装腔作势。

他说了很多，可我却走神了。等我缓过神来，刚想表示认同时，另一个学生已经按捺不住了，他接过前一位同学的话题，若有所思地说："中国人似乎很喜欢听好话，而赠联是好话的集聚地。写对联本来是一件风雅的事，叙分别情、道相逢意、抒慷慨志、明幽然理，无一不可。然而，赠联往往包蕴了诸多复杂的因素，可能言不由衷，也许碍于情面，或者被迫而为，甚至曲意逢迎。仔细读一读'杏坛文章传承远，楼观道德浸润深'，我认为学生把这副对联送给语文老师似乎最恰当、得体。为什么我会这样认为？因为它说了语文老师的好话，把语文老师和孔夫子相提并论，只这一句可算把老师赞上天了。"

作为一名语文老师，我是不是也喜欢听好话？送人好话，或出于感恩，或发于私利，欣然接受的人则要清醒一些。要是我们真的收到一副说好话的对联，如"舞剑吟诗欣笔墨，高歌流水壮雄心"之类，那么不妨用来勉励自己和一同观看的人；如"彩笔凌云腾蛟起凤，春风化雨绽李开桃"之属，那么大可闭上嘴巴，不露出可笑的牙齿，要知道有些好话可能有毒。看来，我要时刻保持警惕。

快下课了，一位同学举手说："我觉得试卷中元稹的《诲侄等书》有一些值得探讨的地方。下一节课还是语文课，老师，让我们继续发言吧！"这帮人铁定了心不打算让我讲话了，我也乐得轻松自在，下一节课就让他们接着说吧。几位同学课间没有休息，趴在班级电脑桌前查资料，我知道，这下有"好戏"看了。铃声一响，上节课最后发言的同学说："元稹教育子侄们可以说是苦口婆心，但他的教育理念可能有问题。他说：'吾不能远谕他人，汝独不见吾兄之奉家法乎？吾家世俭贫，先人遗训常恐置产怠子孙，故家无樵苏之地，尔所详也。吾窃见吾兄自二十年来，以下士之禄，持窘绝之家，其间半是乞丐羁游，以相给足。'古人励志所要付出的代价是不是太大了？是人敌不过欲望？还是欲望本就难以战胜？所以才以此种极端的方式来勉励自己？'先人遗训常恐置产怠子孙'，这句话本身就不符合人之常情。《管子·牧民》中有言'仓廪实而知礼节，衣食足而知荣辱'，战国大儒孟子也主张'置恒产'，并坚定地说‘人无恒产，则无恒心’。民间也有俗语：‘家有余粮，心中不慌。’今天，国家也通过各种方式鼓励并保护百姓拥有‘恒产’。然而，‘置产怠子孙’从理论上讲是荒谬的，从经验角度来看常常又是正确的。民间也有一种说法：‘富不过三代。’这似乎是一句咒语，但在诸多富豪大户身上得到了证明。”

她还在思考，丝毫没有停下的意思，又抛出了几个问题：“‘置之死地而后生’的教育方法是否可取？‘置产’怎样才能不‘怠子孙’？你会散尽家财不留给子孙以促其上进吗？”

上面的问题刚刚讨论完，一个学生又有“发现”：“元稹现身说法：‘至年十五，得明经及第，因捧先人旧书，于西窗下钻仰沉吟，仅于不窥园井矣。如是者十年，然后粗霑一命，粗成一名。’‘不窥园井式’的发奋是怎样一种扭曲？不要以为这种教育方法已经离我们远去，今天我们不是还经常被家长、教师要求‘两耳不闻窗外事，一心只读圣贤书’吗？”

刚才趴在讲台上查资料的一个学生发言了：“元稹说：‘汝等出入游从，亦宜切慎。吾生长京城，朋从不少，然而未尝识倡优之门，不曾于喧哗纵观，汝信之乎？’‘汝信之乎’什么意思？是元稹不太自信，怕子侄们不相信自己？我查过一些资料得知，元稹确实有点儿不自信。他读书的时候不去娱乐场所，但后来与倡优歌妓多有往来。他的‘情史’似乎劣迹斑斑，不是始乱终弃，就是冷酷无情，很少顾及别人的感受。这是不是从另外一个角度证明，青少年时代的‘禁欲’励志将会扭曲人性呢？读到这里，我有点儿担忧我们今天的教育，希望悲剧不要重演。”

一节课又快结束了，一个学生坚持要发言。他说：“相较于元稹的《诲侄等书》，我还是更喜欢试卷中的人物传记《文史学家胡小石》一文。胡小石先生教育学生就有人情味儿多了。他让学生明白学习的真正意义，不只为功名，还有修养、人性；他尝试让学生从书本上抬起头，多拜师，学习更多的内容；他以实证、考据的态度和方法，引导学生形成负责任的意识和精神；他还常带学生去几个老字号的菜馆品尝佳肴，或者去清凉山扫叶楼饮茶品茗，一同欣赏昆曲……胡小石先生是在培养‘人’，而元稹的教育方法弄不好会让人成为‘兽’。”

下课铃打响了，大家意犹未尽。我虽然没能插上嘴，可我和学生一样，收获的又何止一张试卷？今天的代课，我几乎没有费力气，却学到了很多。高三的课堂更要让学生说话，这样做不只是给他们表达观点的机会，也是在给他们宣泄情绪的机会。此时，我们教师做一个听众又何妨？

今天，你炫耀了吗

“语文课上，张老师会用他最经典的一个句子作为新故事的开场白：‘读到这儿，同学们会发现……’每逢这时候，我就会扯出一个微笑，拿出一支全新的签字笔，等着在课堂笔记本上记下张老师的精彩发现。”

这是学生小吉的随笔《你会发现》的开篇，读到这里我已背脊发汗，大脑里迅速闪现着自己在课堂上自鸣得意的模样。“读到这儿，同学们会发现”，究竟是谁的发现？说的是“同学们会发现”，可明明是“我的发现”。“教是为了不教”的道理，我是明白而且大力提倡的，但我却在本该让学生发现的地方越俎代庖了。是什么让我变得如此迫不及待，又如此自以为是？

成长是教师的追求，但成长是一个过程，并不等于“成熟”。新课程改革让我拥有了比之前更强烈的读书意识，和教材相关的书也比之前读得多。伴随着新课改一同改变的，还有日新月异的网络信息平台，不断拓宽的学习渠道。受益于多方信息的刺激，我在每轮文本教学中都能有所谓的“新发现”，而且随着教学轮回数的增加，这样的“发现”也似乎越来越多，越来越“有意思”。入职之初我的表现欲强烈，渴望得到学生的认可，容易不知深浅，课堂上的一点儿小火花就能被我放大成熊熊烈焰。可如今我已经步入中年，为什么还不能在课堂上及时“刹车”？

炫耀是人的本能，“炫”了才能被人知晓，“耀”了才能有成就感。炫耀固然可能激发部分学生探索、求知的欲望，但更多的时候可能会将学生灼伤：或者让学生自惭形秽，以为自己永远无法发现；或者以讹传讹，将教师乖谬的发现当成知识继承；或者引发反感，让学生看到教师的自负与浅薄。这些都将积淀在学生的心灵内部，成为老伤、内伤，或许永远无法复原。

一般说来，教师的阅历、知识、能力都会随着年龄的增长而增长，但我们一直在教年龄相对固定的学生，他们的知识和能力相对我们而言可能会存在一个"动态差"。《指南录后序》我已经教了十遍了，其来龙去脉早已烂熟于胸了，然而，对学生而言这是一篇崭新的文章。十遍教学已经让我感觉到了文天祥的"大惊小怪"，这一定与文天祥的性格特点以及背后的历史文化特性相关。于是，我去查找文天祥生活的时代背景、他以及同时代官吏的生存状态相关的资料，或者求助于网络，或者向专家咨询。最后，我发现宋代官吏素有享乐之风，《宋史·文天祥传》中记载："天祥性豪华，平生自奉甚厚，声伎满前。"也就是说，文天祥生活原本奢靡，所以容易"大惊小怪"。课堂上，我一脸得意地说："读到这儿，同学们会发现文天祥是不是有点儿'小题大做'？这是为什么呢？因为他……"殊不知，作家李敖早在《中国式好人》一文中说过："文天祥生活奢侈，又好美女，在生死关头，从容就义，谁比得了这个'坏人'？"相信此时的课堂上会有几个埋头记笔记的或者将头扭向窗外的，除此而外，还有几个在心底里嗤之以鼻的，因为李敖的书他们很熟。

大多数教师的学术眼界、研究能力往往有限，我们应当保持头脑清醒的状态。学生将从我们这个驿站走向更遥远的远方，他们从我们这里获取的也许并非"我的发现"，而是一种能力，一种研究的态度和精神。更何况，我们所谓的"新发现"，也许已是千年旧闻，抑或别人也已发现，甚至学生早就发现了，所以，我们大可不必因此兴奋不已，当成独家新闻一样发布。教室是一个神圣的地方，教师的眼界、修养将直接或间接地影响学生的未来。我们应尽力消除因主观原因而导致学生的认知发生偏差的可能。与其得意扬扬，不如谦恭慎重，引导学生去发现，或者将自己的观点拿出来与学生分享、讨论，鼓励他们从不同角度展开理性批判。

加拿大作家菲比·吉尔曼的《爷爷一定有办法》是一部经典的童话，爷爷给孙子约瑟缝制了一条蓝色的小毯子，温暖、舒服，毯子旧了、小了，妈妈建议扔掉，约瑟相信“爷爷一定有办法”，于是，老爷爷再缝缝改改，又把毯子制成了衣服、领带直到很小的一粒纽扣，创造了一个个奇迹。很多家长希望教自己孩子的是“老教师”。“老”代表着成长到一定年龄阶段，“老”代表着经验和阅历。然而，他们却不知道，教师的成长对学生而言可能是一种风险，一种潜在而不易被察觉的风险。读《爷爷一定有办法》，很多人只看到了爷爷的智慧、心灵手巧，却忽略了爷爷的微笑和内心的慈爱。对教师而言，与知识和能力一同成长的，还应有修养，或者说是一颗仁爱之心。所谓仁爱之心，就是宽厚、仁慈的心，爱护、同情的感情。对一个成长中的教师而言，可能就是将“炫耀自我”转变为“反思自我”和“启疑导思”，以学生的认知起点为教学的起点，将“读到这里，同学们会发现”变为“同学们有哪些发现”，或者“请大家对我的发现批评指正”。

教育工作对教师而言，往往是一辈子的征程，成长是常态，成熟只是一个理想的目标。长期从事教育工作的人，因为坚守的艰难可能会生出些许寂寞。寂寞的人生需要展示的平台，但这不能成为不顾学生感受而大跳“广场舞”的理由。

小吉在文中写道：“‘同学们会发现’这几个再平常不过的字词组合，仿佛一只于月光下才现形的‘背后灵’，让我的后背一冷。‘会发现’，是有一天会发现吗？”今后，我会不断提醒自己：“今天，你炫耀了吗？”我将找准自己在课堂中的位置，激动时“停顿三秒”“转念一想”。希望我的转变，能让小吉们有一天真正地“会发现”。

教师要勇于“露短”

和学生一起读张岱的《家传》，读到“文恭捐馆，家难渐至”一句时，我联系前文“遂输粟入太学”，便想当然地将“捐馆”理解为“捐钱粮给太学”。正当我得意于自己的推理时，一个学生立即反驳，认为“捐馆”是“去世”的意思，并以《红楼梦》中“林如海捐馆扬州城”为例，再以后文江西邓文洁“吊”的行为作证。一瞬间，我自觉无地可容。但转念一想，韩愈不是早就说过“师不必贤于弟子，弟子不必不如师”吗？有学生如此，我应当高兴才是，何必自惭形秽？

是的，教师不是“通天师”，有缺点、缺陷、缺憾，甚至犯错误都在所难免。虽说扬长避短多有必要，却也并非不可“露短”。

过去，我沉迷于唐诗宋词，课堂上常三句难离诗词。外国文学作品的阅读一直是我的短板，学生中不乏强于我者，为了所谓的“面子”，我常自说自话，生拉硬拽。后来，有个学生告诉我：“您的解读有中国古诗词的味儿，就是少了外国小说的味儿。”一语惊醒梦中人，自此，我一方面勤读外国小说，一方面多向学生学习，以一个学习者的姿态步入课堂，端着架子的感觉顿然消失，心情格外愉悦。说错了就改，不会就问，又有什么放不下的呢？

是的，教师最大的敌人是他自己，顶着“师道尊严”的帽子，传承了千年，又哪里是说改就能立即改的呢？小姜同学酷爱历史，广读诗词，课堂上喜欢插嘴，常于我讲得精彩处冒出一两句话：“老师，还可以从另外的角度去思考”“这个判断有些武断吧”“我觉得按照史实来说，应该是这样的”“老师读的是中华书局版的吧？可能上海古籍版的更好”……从教近二十年了，自恃对文本已比较熟悉的我，每当听到这些话时，常表面平静而内心翻江倒海，从骨子里有些不能接受，甚至还会蒸腾起莫名的怨怒之气，以为她这是故意“拆台”。教师没有什么令人艳羡的权力，却可以轻松操控整个课堂，目光在哪里，关注就在哪里。刚开学的两个星期，课堂上我有意识地不看她，对她的插嘴也置之不理。第三个星期，课堂安静了，她却开始昏昏欲睡，偶尔抬头也是不屑的神情。她的“反常”令我猛然惊醒，知道自己已经成功地实施了冷暴力。当质疑的声音从课堂上消失的时候，整个世界也便静如死灰！

这让我想起了朋友成为“音乐盲”的经历。刚上学那会儿，他差不多是村里的“百灵鸟”，几乎每天都是一路唱到学校，再从学校唱到家。露水在朝阳里闪着金光，小鸟在菜地里飞翔，他的歌声从东飘荡到西，从南飘荡到北。三年级时，音乐老师教大家唱《小草》，隐隐约约中歌词的某些感情触动了他，当老师点名让他独唱时，他便根据自己的想象唱了起来。还没唱几句，老师便皱眉，盯着他的眼睛，指着他的额头说：“你怎么这样‘号丧’啊？”同学们哄堂大笑，幼小的他立刻紧张起来，本能地反抗说：“我觉得可以这样唱，因为歌词里……”老师说了很多似乎有道理的话，他已经不记得了，只记得老师最后说了一句“别以为嗓门大就会唱歌”。此后他便很少唱歌。四年级时，乡里举行一个小学生合唱比赛，因为个子比较高，他被老师安排在最后一排。大家的心情都很激动，庄重的乡村大会堂舞台在那时的他们看来，就是整个世界的中心。正当他准备迈步走上舞台时，老师拽了一下他的衣角，“恳切地”说：“站直了就好，对对口型，千万别出声……”一瞬间，他的眼泪便涌了出来，此后彻底失去了歌唱的勇气。

不喜欢异见，这是人的本能；容不得异见，这是人性的劣根。当意识到自己的无知时，我便开始接受并引导小姜，让她“重回课堂”。在

《三国演义》阅读课上，我结合《三国志》讲文学创作与史书的区别，她则以《三国志》为底本聊东汉末年的世事纷争；我联系《三国演义》中的孙吴一族的家族史，谈三足鼎立的形成，她结合历史谈东吴的“士庶之争”……遇到复杂的历史问题，而我恰好不明白时，一定会主动请她说一说。课堂上，她的眼睛越来越明亮！在她的大学自主招生推荐信中，我这样写道：“余初识姜生便觉其大。诵《春江花月夜》，知景、明境而通文，内达人性，外接古月，于大孤独中独得大诗意。同窗皆称善。余顿觉压顶之重，不异泰山临空，汗渍阴发。遂日诵夜读，以追其学。虽奔若牛马，尤恐项背之难望。”

再者，如果教师总是“扬长避短”，就可能会导致学生的知识和能力结构出现缺陷。教出的学生只能越来越像自己，而不是超越自己，进而成为“他自己”。我的两个朋友都酷爱外国文学而其他领域少有涉猎，一人教出的学生仅擅长外国文学，一人教出的学生则有诸多专长。私聊方知：前者遇到古诗文便“绕道走”，每逢外国文学作品便不惜工本大讲特讲；后者凡古诗文和学生商量着讲，主要让学生讲，外国文学作品则精选精讲。“扬长避短”和“勇于露短”的教学效果一览无余。

想起德国著名儿童文学家埃里希·凯斯特纳在《开学致辞》中的一句话：“假如他装作知晓一切的样子，那么你们宽恕他就是，但不要相信他！相反地，他若承认，他不是一切都知道，那你们要爱戴他！”一个真正的好教师，更需要的可能是“露短”。“露短”不是“示弱”，“示弱”是教学技巧，“露短”展现的是生命的真实。

从"看客"到"主人"

读鲁迅的小说总能见到一个个"看客"，他们不在事件的中心，对美好的东西被撕毁的现场充满神往之情，不惜拼尽气力挤到现场中心，然后一饱眼福，从灵魂到每一个毛孔都发出赞叹："好看！"

观察当前的语文课堂，可以发现很多学生似乎正做着"看客"。

朋友告诉我一件有意思的事，他的一位同事，学生评教情况很好，座谈会时学生都说他的课幽默风趣、生动有味儿，成为很多年轻教师学习的榜样。在这所推行"末尾淘汰制"的学校里，朋友感到一阵阵危机，便开始研究这位教师的教学方法。不久，便发现了奥秘，原来他为了活跃课堂气氛，拉拢和学生的关系，上课时讲了很多惹火的"段子"，不少段子还有些"荤"。课堂是讲述美好、揭露丑恶的地方，怎能成为"撕毁美好、展示丑恶"的场所？果真如此，这些"叫好"的学生，与鲁迅先生笔下的"看客"们又有什么区别？

我能理解这位教师为吸引学生而力求让课堂生动起来的初衷，也为他时刻处在被裁汰的危机中感到难过，但绝不接受以"段子"取悦学生的做法。学校是学生提升审美情趣，形成正确认知的地方，容不得教师任性胡来大讲"荤段子"。"段子"只能降低学生的审美趣味，甚至让一些学生误以为这"就是幽默""就是风格"。教师的语言也许就是学生未来的语言，教师的品位也许就是学生将来的品位。教师未必是学生全方位的楷模，但应成为学生学习和做人的榜样。中国自古讲究"学高为师，身正为范”，以正养正，才是教育的正道。

学生的“看客”心态是一些教师培养出来的，因为他们总在以不走正道的方式撕毁美好。对学生而言，这样的教师“不上路子”的本领越强，危害也就越大。教学活动中我偶遇一位青年才俊，他解读鲁迅的小说《祝福》确实有独到之处，总能在人们熟悉的地方有新的发现。然而，听课的教师却总感觉浑身不舒服，原来，他有一些国骂式“口头禅”，每到情绪激动时便脱口而出。后排的几个男生格外起劲儿，频繁举手发言，课堂气氛看上去颇为热闹。下课铃打响，几个男生从听课教师面前走过，胖子说：“×××，没想到祥林嫂的死和这么多人有关系！”瘦子说：“×××，尽是胡扯，说到底还不是穷死的？”课堂“效果”确实显著，这些缺乏明辨是非意识和能力的学生，当场就被“春风化雨”了。

近些年来，“活动”“探究”已经成为挂在教师嘴边的教学方式，尤其在各类公开课中，如若没有这两个词做后盾，几乎可以算作失败了。谁说课堂上必须笑语喧哗？谁说学生必须一直在“活动”？谁说教师必须巧舌如簧？日复一日课堂一直平静不下来，嘈杂得放不下一张安静的书桌。一篇三千字的课文，就是舍不得让学生花十五分钟静心阅读，因为教师正忙着让学生“活动”“探究”。似乎只有“活动”了，“探究”了，课堂才热闹，学生才会喜欢。殊不知，学生每天八节课，从早到晚都在忙着“活动”和“探究”，大脑得不到片刻清闲，更无法对学习内容作出理性判断，这对学生而言又是怎样一种伤害？

必须注意的是，语文课堂需要品质的支持，没有品质保障，围观的人再多，也不能给予学生真正的美好。相反，只能是教师在被示众，学生在围观。我们一直在倡导教师要有正确的教学观，似乎很少想过培养学生正确的“课堂观”，往往只是在技术层面提出一些课堂要求，如记笔记、听讲、发言、交流、互动等。我们必须帮助学生认识并理解什么才是真正有品质的课堂。

品质课堂一定能让人获得健康的审美体验。如果欣赏李白、杜牧的诗歌，你总是纠缠于他的私人生活，讲述他们与歌女、青楼女子的种种关系，忽略时代背景、社会风尚与诗歌本身的艺术魅力，以低级趣味博得学生的所谓“青睐”，这只能是误人子弟，或者就是“谋杀”——有预谋地杀害学生健康的审美情趣。

品质课堂一定是充满人文和理性色彩的，能让学生从知识到思想得到熏陶和提升。比如，讲古文时，你针对学生难解的字词，引入甲骨文、金文、大篆，让大家在对汉字源流的探究中获得有趣且智慧的体悟。讲刘亮程的《寒风吹彻》时，你以诗人的视角来解读文本，让碎片一样的意象穿越时光，散发出哲理的光辉，使学生对文本充满想象。这时，你的学生一定会快乐且两眼放光。

品质课堂一定是带着问题来，又带着新问题回去的。预习、复习，整个过程都让学生有“想下去”的欲望，这才是有动力的课。如教写作，你不是只出个题目让学生写，而是注重思维激发，让学生走进无垠的旷野，而不是“面壁思过”。这样的课堂，起点是学生的认知，而不是教师的臆测；终点还是学生的认知，而不是现成的结论。

品质课堂的教学内容也许并不精彩，但教师设计的教学流程让学生进入了思维的空间，获得了“跳一跳，够得着”“一步一个台阶”的思维爬升感。追求刺激、揭露隐私不是真正的深度学习，也不是对作品内涵进行挖掘的正确视角，或者不算一条光明的路径。

品质课堂最重要的是学生从来都是“主人”，而不是“看客”。教师不是“麦霸”，求的不是“扎根”讲台，而是回到学生中去，把自己当成学生，和他们共同成长。即使是一堂教师从头讲到尾的课，学生也可以自由呼吸，大胆取舍，有辨别地吸收。

从“看客”到“主人”，学生和教师都要有正确的课堂观。

辑三

都是『想』的问题

都是“想”的问题

两周前，我用一节课时间跟学生讲了“问”的重要性，并在黑板上抄录了《尚书》里的一句话：“好问则裕，自用则小。”学生就是这样，只要你的想法是正确的，并且给予时间和空间，他们就会认真考虑。这段时间，班上果然掀起了一股“好问”的热潮，今天有六个同学来问问题。我怀着兴奋的心情，与他们一一交流。

第一个问题：为什么提笔前好像有很多话要说，可落到纸上却“惨不忍睹”？

答：你是一个有故事、有思想的学生，“有”是写作的前提，因此，你不必过于担忧。歇后语说：“茶壶里煮饺子——有货倒不出。”为什么倒不出？因为茶壶嘴太小了。写作文也是这样，只有找到大小合适的突破口，才能让思想、情绪自然地流淌出来。每个人都有适合自己的突破口，每篇文章都有特别契合的突破口，怎样让两个突破口有效对接，顺畅流通？我们要经常有针对性地“想一想”。

我多年前的一个学生，每个周六都将被子打包背回家，周日下午再带回学校。后来我才知道，他们一家是从外省到南京来的。用他的话来说，就是背井离乡来“讨生活”的。他的父亲被朋友欺骗，原本殷实的家庭一夜之间变得一无所有，还背上了不少债务。迫于生计，父母带着他辗转来到南京，在一个小镇上租了间房子，成了流动小摊贩。来南京六年，他们搬了六次家，狭窄的空间容不下两张床，他每次回家都要打地铺。他说，不怨父母，他们过得比自己更苦。曲折的经历、艰难的生活，让他变得敏感、多愁善感，但也坚强、自尊。然而，他也常常为写不出作文而苦恼，并羡慕别人总能引经据典或者文采飞扬。我对他说："就写你自己吧，不必羡慕别人。读书多的人，书里的世界就是他的突破口；热爱自然的人，花、草、山、水就是他的突破口。想想你自己，你的生活就是你的突破口，你的情感就是你的突破口，你的思想就是你的突破口，因为'你就是你自己'，你是独一无二的。当然，还要有一点儿情境意识，想一想，为何而写，该说什么，什么该重点说。不过，生活应该教会了你这一切。"高中毕业后，他将高中阶段写的50多篇文章编成了一个集子，集子名是《生活教会了我》。

第二个问题：读过不少作品，也常泪流满面，可到了写作时还是头脑一片空白，这是怎么回事？

答：你是不是"想"得太少了？

首先，读而有感，还要知道为何而感。我们读书往往有一个习惯——被动地接受作家给我们渲染的情感、表达的思想，哭过、笑过便弃置一旁。哭过、笑过，更重要的是还要"想过"，想"有感"的缘由。其次，读而有思，还要联系自我、他人和社会。读书不只是为了增加知识，或者粉饰平庸，更要想一想，书里的世界和现实社会、人生有怎样的关联。

书读得多，写作就一定好吗？客观上讲，读书对写作会有一定的作用，但未必就是决定性作用。读社会、人生、自然，一样可以成为优秀的写作者。站在更高处"想"生活，才能写出有境界的作品。

第三个问题：作文为什么总是结构混乱？

答：你要有写作对象意识、情境意识，有了这两点，作文的结构自然就生成了。

例如，你的这篇《这也叫爱》的作文，主题是“责之切，爱之深”。试想一下，如果同桌向你抱怨母亲对他相当“狠”，他做事总不能令她满意，被批评远多于被表扬，他开始怀疑“母亲究竟爱不爱自己”。你将会怎样劝说他？是不是要讲究一点儿策略？你打算用什么方法劝说？你打算先说什么，再说什么？再想一想：如果你打算买一个有上网功能的电子阅读器，父母以纸质书更有真切感为由拒绝了你，你准备怎么劝说？和之前的方法与顺序一样吗？

第四个问题：在今天的升旗仪式上，主持人一上来就念稿子：“同学们，大家上午好！金秋十月，丹桂飘香……”为什么大家这么喜欢用“丹桂飘香”？从小到大我的耳朵都被磨起了茧子。

答：你是一个很会“想”的学生，能在司空见惯的现象中敏锐地发现问题，应当夸奖。“丹桂飘香”确有惹人喜爱之处，被滥用则是一件不幸的事，这是一种懒得去“想”的惰性表现。为什么还有很多人不顾情境，哪怕没有“丹桂飘香”，也会罔顾事实地使用它？唐代宋之问有“桂子月中落，天香云外飘”，宋代虞俦有“芙蓉泣露坡头见，桂子飘香月下闻”，元代许桢有“丹桂飘香，芙蓉弄色，好个江南”，明代冯梦龙有“丹桂飘香月窟，芙蓉冷艳寒江”，清代吴骞有“井上碧梧惊叶落，苑间丹桂泻香空”，从中国人历来喜欢用“丹桂飘香”的现象里你看到了什么？是文化传承的美好，还是机械、缺乏创造力的悲哀？丹桂一定浓香馥郁吗？记得南京林业大学的一位专家说，花香主要由烃类、烯类、酮类、醛类、酯类及芳香族化合物等组成……实验表明，金桂香气甜润馥郁，银桂香气清幽淡雅，丹桂甜香不够、清香不足。很明显，“丹桂飘香”可能是一种误导，“金桂飘香”应该更合适。

第五个问题：总是想着用一种别人没用过的特殊方法写作文，结果什么也写不出来。

答：你有研究精神，值得表扬。写作文之前，你不去想“写什么”，而是片面地执着于“怎么写”，这是重视了形式而忽视了内容，这样做容易“卡壳”。人们对方法的追寻从来没有停止，然而方法不是越特殊越好，而是越适合越好。

第六个问题：我的文章感觉有点儿单薄，不知道怎么才能充实。作文《这也叫爱》，我是这样写的：看见路边一个主人在打猫，我便上去阻止了他。这个内容怎么充实呢？

答：你今后要多留意身边的人和事，可以尝试写观察日记，记录一些细节，否则，“人殴猫，吾阻之”，六个字便结束了。你可以展开“猜想”和“联想”，想一想：他是干什么的？又有怎样的故事？为什么如此心狠？是否受到了什么刺激？“我”或他人有无类似的举动？……

回顾今天学生的提问，我猛然发现，这些都是关于“想”的问题。“想”，是一个充满诱惑的动人字眼。听、说、读、写，还应有一个“想”——“想”是让学生的语文学习实现由“量的积累”到“质的飞跃”的关键。“想”，能让听和读由“他者知识”变为“自我思想”，能让说和写由“被动码字”变成“主动抒发”。如果我们的眼光只有一米，将无法看到无穷的远方。无论环境如何嘈杂、艰难，我们都应静下心来，将目光放远，做属于“语文人”的梦。语文老师是学生的造梦人，你能想多远，学生的梦就会有多远。

“想”，是于无疑处质疑，于寻常处见美，于眼前而及过去和未来，是思想的主动发现和精神的主动放逐，我们不应只是把自己和学生关在桃花源里做梦。为了“敢想”，我们必须保持足够的警惕，时常拿起锤子，敲打铁板似的朽腐思想，让它放出理性的光辉。为了“能想”，我们必须拿起书本，把自己融入古今中外，放灵魂到肉体无法抵达的时空漫游，让自己变得纯粹而丰富。为了“善想”，我们必须俯下身来，“把自己教成学生”，和学生一起“想”。

“想”，是教师和学生，甚至是所有人最美的状态。

课前，我一直在“想”

继续上一节“让我们一起‘想’”写作课。

“想”的作文有一部分属于创意写作，虚构类作文便属于此类。说得狭隘一些，就是小说。小说写作涉及方方面面的问题，怎么教学比较好？必须找到一些角度，比如一个好的故事、一个核心人物、一个叙事角度等。这些都是小说创作中十分重要的元素，一节课难以穷尽，不妨选择一个环节设计教学。

“假如我是小说家”，必须具有敏锐的眼光。好的小说必须拥有一个或多个值得读者追随的人物。这些人物有哪些特点？又具备哪些小说元素？“让我们一起‘想’——生活中的那些‘小说人物’”，就定这个主题了。

课堂导入十分重要。“小说人物”这一概念会让很多学生摸不着头脑，产生畏难情绪。所以，第一步不呈现该标题，以“聊聊身边那些有故事的人”为课堂的起点，重点突出“有故事”。他（她）是谁？有哪些故事？这些故事有什么价值？值得我们思考几小时或一生吗？

学生可能遇到的“人物”有哪些呢？不给他们一点儿启示，可能难以打开思路。我得先想一想。

不妨先遵从“就近原则”，想一想：学生中有哪些值得写的人和事？

看起来平淡无奇的中等生平时不如优等生受宠，不如后进生引人关注，他们常被教师忘记名字，被同学忽略。他们暗地里可能羞于与后进生为伍，却又无法企及优等生的高度，他们常自尊又自卑，自强又自弃。然而，他们是精英教育时代的大多数。作文标题或许可以是“中间地带”“温度计”等。

还有出国生、艺考生，他们常被人用轻声细语一带而过，“学不好才出国、参加艺考”“富二代才出国，没头脑才参加艺考”，凭直觉、贴标签，染上了这种病没人觉得奇怪，也没人去指责，甚至还有人主动受染。出国已成热潮，大多数人绝非因“学不好”或“富有”而出国。随着时代的发展，人们对教育的理解已经发生了变化，不少家长对国内的应试教育现状不满，出国是在为孩子寻找教育的出路。同样，艺考的道路并不像人们想象的那么简单，艺考也并非一件容易的事，其间坎坷、泪水往往不为人知。

“补课党”自然也是值得关注的对象。有人全天候学习，几乎没有喘息的时间，父母为他们创造了一切可能的条件。他们背负父母、亲人的期盼，东奔西走，以奔命的节奏学习，身心俱疲，却又停不下来。一旦停止了这样的“高速运转”，便立刻失去了自转能力，茫然不知所措。当然，也不乏可以应付这一切的“天才”，他们聪明、阳光，却将过多精力耗在了这些没有意义的事情上。为什么现在的家长最着急？他们吃过苦，遭过罪，是在苦水中泡大的一代，不希望自己的孩子延续窘迫的生活。

再结合“周边原则”想一想：我们可以想到什么？

父母是学生最亲近的人，但他们一看到孩子回家，家里放松的氛围便变得紧张起来。两代人的战争，或明或暗时常发生，就像每天都有写不完的作业，无论如何都不能让人放松。然而，我们总是站在自己的角度思考，却很少替他们想一想，他们属于自己的生活在哪里。自从有了你，原本轻松自在的日子立刻变得局促起来，浪漫成了过去，潇洒成了回忆；莫名其妙的事多了起来，突如其来的情绪也与日俱增……没有自我，拿不起也放不下的中国式家长便诞生了。家长的出路在哪里？我们又该如何做合格的家长？“套中人”这个题目似乎再合适不过了。

爷爷奶奶、外公外婆们，他们这辈人经历过大变革，品尝过人生的千滋百味，见证过野蛮和愚昧，当然自己也可能做过错事，有很多、很长、很硬的人生体验，又有很多柔软、温暖的情绪体验。他们于人情更练达，于是非更较真儿（虽然他们自己常常不讲是非），节俭持家，见不得浪费，看不惯年轻人的做派。他们有些斤斤计较，却又常怀大度之风，他们忧虑于儿孙前程，努力证明自己没有老，又时常埋怨子女缺少关爱之心……他们最容易“隔代亲”，往往宠坏了第三代。

被束缚、压制的教师，曾经热情澎湃、充满理想，但没在教育的春光中沐浴几日，便被推向了疯狂的应试风暴中心。他们被生活、工作的压力撕扯着，有人彷徨，有人奋进，有人沉沦，有人麻木，有人出走……人到中年却满腹狐疑，正值做教师的黄金年龄却渴望着退休。他们中有人才华出众，有人碌碌无为，每天都在上演着不同的故事。

从“边缘原则”的角度想一想：还有哪些人和事值得回味？

熟悉的陌生人，这里有一片广阔的天地，也是值得我们去关注和思考的对象。他们可能是经常出现在校门口的乞丐、一个流浪的老人，他们都是有故事的人，不只是因为天灾人祸，可能还有子女的因素、个性原因或者谋生能力。我曾见过一个一眼看上去就与众不同的乞丐。清晨，我在肯德基宽敞明亮的落地窗内吃早餐，一个七十多岁的老妪骑着一辆自行车，慢悠悠地停在窗外。她将旁边散乱的自行车摆放整齐，再从车上取下一个干净的布包，在台阶旁坐了下来。她环顾四周，可能是觉得自己挡住了过往的行人，又挪到了一处相对无碍的地方。然后，她从包里拿出一块烧饼，将一块蓝布垫在膝盖上，慢慢地吃起来。芝麻掉在蓝布上，她一粒一粒地捡起，吃掉。吃完后，她从口袋里拿出一份证件和一只崭新的碗放在地上，安静地等待着过往的行人。我从来没有见过如此干净、有教养的“乞丐”，好奇心驱使我走向了她。这是一个慈祥的老人，面容透着清秀，年轻时一定很美丽，花白的头发一丝不苟地盘在头上。我唐突地问：“老人家，你冷吗？怎么在这里？”她摇摇头，指了指自己的耳朵和地上的一份证件。原来她是一个聋哑人，地上是一份由残疾人联合会签发的残疾证。她微笑地看着我，不动声色，分明是一个慈爱的老人。我不由自主地掏出身上仅有的一百元钱，放下后悄悄地离开了。五年了，至今我还时常想起她。

我们身边还有许多特别而又普通的人。感动着整个南京城的老太太陈碧娟坚持在鼓楼广场摆摊卖报二十年，风雨无阻，每天下午四点摆摊，深夜十一点收摊。据称，她的女婿因病去世，家里欠下不少外债，老太太每月两千元的退休金全部用在了还债上，她只能卖报刊补贴家用。此事经媒体报道后，许多热心人伸出了温暖的手。有人绕很远的路特意来买她的报刊，有人送来了水果……相关部门也相继介入。陈碧娟的家世究竟如何？又有着怎样的故事？相信学生一定会好奇，而这正是虚构的起点。

当然，我们还可以遵从“想象原则”，基于生活进行虚构创作。生活中有很多人你并不熟悉，他们可能只是留下了一个背影，或者与你擦肩而过，却由于某种画面感或场景感，一下便触动了你，让你浮想联翩。比如，一个下雨的夜晚女孩匆匆走在街巷中，小伙子背对着火车一言不发，中年男人骂骂咧咧地扶着母亲过马路，老太太“花枝招展”地从身边走过，等等。

课堂是一个常有意外发生的地方，同学、父母、爷爷奶奶、外公外婆、教师并没有成为学生重点关注的“人物”，他们想得比较多的是军人、公务员、商人、司机、销售员、家庭主妇、网络写手等。我在课前想到的很多内容，并没有成为学生的关注点，他们的目光在窗外。是我想多了，想歪了，还是本就不应该用所谓的“原则”去要求他们？

从课前到课后，我一直都在“想”。

我在公交车上忽然想到

学生小马常有奇思妙想，令同学们啧啧称赞。前些天，全班同学在课堂上讨论上海高考作文题“评价他人的生活”。次日早晨，小马兴奋地跟我说：“我在公交车上忽然想到早晨吃药的样子，药似乎可以用来比喻‘评价他人的生活’这一话题。‘良药苦口利于病’，人们常以此为借口评价他人的生活。此言虽有理，却也有一个前提：药确乎‘良’。我们凭什么坚信自己的评论一定是‘良药’呢？”听完她眉飞色舞的演说，我的内心无比激动，不只因为她的精彩表达，更因为她随时随地思考的习惯。

近些年来，学生的思考能力似乎并没有多大的提升，这值得每一位教师警惕与自省。新旧课标无一例外，都将发展学生的思考能力作为重点内容来强调，可结果却不尽如人意。

热闹的“伪思考”掩盖并压抑了“真思考”，这恐怕是第一条罪状。

几年前，一个大型散文教学研讨会在我们学校举行，一位台湾教师借初一班级上课，问：“同学们喜欢《油桐花编织的秘径》这篇文章吗？为什么呢？”全班同学举手，一个学生张口就来：“我喜欢这篇文章，因为这篇文章运用了比喻手法，生动形象地表现了……”这位来自宝岛的专家级教师显然怔住了，呆立在讲台上足足十秒钟，有些不知所措。小朋友直奔专业术语，一语道破“天机”的“能力”着实令台湾同行唏嘘。然而台上、台下的中学生和观摩的大陆教师却面色平和、微微一笑，大家心知肚明，这都是“训练”的结果。然而，从本质上说，这位同学并未进行真正意义上的阅读，当然也没有真正的思考，只是发现了比喻修辞而已。这是应试的成功、教育的失败，岂容我们视而不见？

不幸的是，类似以知识辨认为主的课堂仍普遍存在，并且如野草一般顽固而坚强地活跃在广阔的教学原野上。

欧·亨利的《最后的常春藤叶》是一篇关于艺术和生命的小说，能在读者心灵深处形成猛烈的震颤。一位教师这样设计教学问题：这是一篇什么类型的小说？小说运用了哪些环境描写？塑造老画家贝尔曼这个人物形象时运用了哪些手法？小说中描写苏艾无微不至地关心琼珊的细节有哪些作用？小说“出人意料的结尾”有哪些好处？一会儿小组讨论，一会儿全班辩论，整个课堂看上去热闹非凡。然而，冷静地想一想，似乎每个问题都是“关于知识辨认”的，讨论也只是关于哪个知识点更准确的辨析，与对小说内在情感、逻辑、艺术的把握几乎没有太多的关系。细细想来，这位教师课堂设计中呈现的提问内容并不陌生，与指向高考的模拟卷极为相似。教师按图索骥，循着高考题思路设计课堂教学，既可以“省力气”，又比较“保险”。毕竟这些问题比“究竟是什么拯救了琼珊”好回答，也容易回答。

毫无疑问，教师问不出有质量的问题，肯定是导致学生思维水平难以提升的重要原因之一。

每年高考结束后，总有专家感叹中学生作文“千人一面”，时间长了大家也就习惯了这样的“格式作文”。哲学家说“世界上没有一片相同的树叶”，为什么我们的作文就能千万人如出一辙呢？自然又与教师不肯写、懒得写、写不出有关。没有基本的写作经验怎么办？只能老老实实地按照“三段论”“三要素”的模子教，这样做既不费力气，也避免了解答学生写作中存在的各种“意外的可能”的尴尬。从小学到高中，教师一直是这么教的，不同之处在于字数要求由“不少于 100 字”逐渐变成了“不少于 800 字”。久而久之，学生便形成了写作的惯性和思维的惰性，再加上“一个事例”“一个人物”便能包打天下、搞定高考作文的各种范例，学生的创造力自然就被冰封起来了。

官员懒政则百姓受苦，教师“懒思”则学生受难。教师应当是积极思考的榜样、“启疑导思”的能手，让学生成为“思考的人”，可谓迫在眉睫，而教师责无旁贷。

在小学也已高考化的今天，一位有责任心的教师，必须具有一双辨认什么才是“真思考”的眼睛。“鱼目混珠”之所以难辨，就在于其形似，然而鱼目毕竟只是鱼目，又岂能与“珠”同？我与一个学生聊天，发现他虽然读过一些书，但说起话来却像目不识丁。说他读过书，是因为只要一提到某某书名，他都能说出作者，并回忆起作品的内容；而他“目不识丁”的表现是，几乎提不出问题，对所议话题无法形成自己的见解，更别提由此及彼地联想、对比了。读而能记，自然是一件好事，但若止步于识记，充其量只是“两脚书橱”而已。有人曾问王阳明：读书却记不住，如何是好？他回答说，只要理解了就行，为什么非要记住？其实，理解已是次要的了，重要的是使自己的心的本体光明。如果只是求记住，就不能理解；如果只是理解，就不能使自己的本体光明了。一个看上去无所不知、说起来滔滔不绝的人，未必有很强的“思考力”，我们要看他理解没有，更要看他“了悟”没有，入心没有。

“思考力”的形成有时如同运动员的培养，虽然需要天赋的支撑，但更离不开教练的“悉心”指导。“思考力”是一个复杂的存在，可以进行单方面的培养，却不能毕其功于一役。譬如，“归因分析”替代不了“归谬分析”，“归谬分析”又不同于“比较分析”……面对具体问题时，又可以从不同角度去思考，允许不同思维方式的存在，但总有一些思考会更深入或者更有启发性，何况“分析”常需要综合考虑，运用多种方法。毫无疑问，一招一式的“思考力”练习是必需的，但灵活运用更为重要。灵活源自眼光，眼光来自坚持不懈的思考。不要总是幻想“灵光乍现”，要相信只有持久思考才能使自己成为一个有思想的人。钱锺书的《围城》中的一句话令人深思：“天下没有偶然，那不过是化了妆的，戴了面具的必然。”教师和学生都要养成思考的习惯。

“见多”未必“识广”，识广却一定离不开思考。“学而不思则罔”，孔夫子指出了不思考的危害。“思则睿，睿作圣”，周敦颐道出了思考的美好前景。“伟人不只在事业上惊天动地，他时常不声不响地深思熟虑”，克雷洛夫点出了思考的状态。

所以，当小马说她在公交车上思考时，我感到无比激动。

别着急，先想一想

学生小李对我说："学习数理化时，只要学会了一种方法，就能解决一些问题，学习具有确定性。语文阅读似乎总是摸不着头脑，经常读不下去，很多时候看过也就忘了，根本谈不上运用。"

提出这个问题时，她低着头，眼圈红红的。

作为一名教师，我最不忍面对的就是学生的这些苦恼，必须为他们解决苦恼才会心安。总有专家说，不要企图去"指导"学生阅读，因为教师一"指导"，学生就失去了自由阅读的快乐。这些论调本身没有太多的错误，只不过它假设了所有学生都"会"而且"能"读这个前提。事实上，在疯狂应试的今天，阅读能力已成为学生语文素养中最薄弱的一环。

学生读不下去的原因有很多，并不都是内容艰深，很多人是由于未能掌握必要的阅读方法。他们习惯于拿起书来就读，用吃掉每一个字的精神"硬啃"。然而，不是每一个人都具有这样强大的"咬劲"的，一些人磕掉牙感觉疼了，就产生了畏惧心理，恍惚之间便认为自己真不是读书的料子了。

这让我想起在农村野塘游泳的事。那时我年纪尚小，总是一副"拼命三郎"的样子，一个猛子就扎进河里。结果，我常被玻璃碴、破碗之类的东西，弄得伤痕累累。吃一堑，长一智。后来，我总要先观察一番，对河的深浅、水的流速和沿岸人家的生活习惯做出判断，再试探着下水。我们的阅读有时可能也应如此，别着急，不妨先想一想。

我从小李手里接过苏教版《高中语文读本》(必修五)(2014 年 6 月第 1 版),翻开目录,和她探讨如何“先想后读”。

可以先根据标题想一想:作者可能会“怎么写”?

首先,作者会写什么内容呢?以第一个专题“创造!创造!”为例:日本汤川秀树的《坚持己见是个必要条件》,作者为什么会做出这样的判断?为什么说“坚持己见是个必要条件”?你能列出几条理由吗?澳大利亚贝弗里奇的《杰出人物的五大性格特征》,作者心中的杰出人物有哪些?他们有哪些性格特点?能给这些性格排序吗?英国德·博诺的《发明是怎样产生的》,作者认为发明产生的原因有哪些?在纸上记录作者的观点,带着自己所想的和作者对话,比较与作者观点的异同,进一步修正、补充自己的观点或作者的观点。

其次,作者会按照怎样的思路去写呢?如第二个专题“时代之子”中戴吾三的《集艺术与科学于一身的巨人》一文,你所知道的“巨人”中有哪些人集艺术与科学于一身?你会按照怎样的思路安排文章的结构?最常见的思路是什么?当然是总分总结构:首先概说他是一个集艺术与科学于一身的巨人,然后分别写艺术和科学,最后写二者是如何统一在这个巨人身上的。还有其他思路吗?这就要看这篇文章的写作目的了。如果是为了探索巨人之所以成为巨人的原因,或许可以采用追本溯源的写法,比如,按其生平时间顺序来写,或正叙或倒叙,将来龙去脉展示给人看。如果是为了表现巨人的孤独以及对教育的反思,就可以沿着巨人的成长路线,一边写巨人的人生历程,一边写人们对他的误解或嘲讽,运用对比、夹叙夹议手法来写……如此这般,再去读文章,阅读的兴奋感就自然不同于以前。

从“读—想”到“想—读—想”,看上去只是多了一个前置的“想”,但其意义和作用却不可小觑。

“想在先”,阅读的主动权便掌握在读者手中,“我”这样“想”,作者是怎么“想”的呢?好奇心的驱使,一定会让阅读过程中的思维和情绪状态变得更为主动、积极。长期以来，我们有一个不好的习惯，常常限定学生在很短的时间之内完成较大文字量的阅读。他们还没来得及看一看这条河流的宽度，想一想这条河流的深度和危险程度，便一头扎进了文字的湍流中。他们获得的往往是身不由己的胁迫感，不知何往的迷惑感，还有无法自持的淹没感。长此以往，自然会造成对阅读的恐惧感。

“想在先”，可以使“我”和作者之间建立紧密的联系，正如杨绛所说的“隐身的串门”，实现与文本以及作者的真实对话。阅读心理学告诉我们，最好的阅读是读者和作者之间获得某种心理上的“认同”或“相违”。无论跟作者的观点一致与否，无论和作者是“同道中人”，还是“异见者”，阅读都将因为读者的代入感而变得更为细致和深入。不得不正视的是，很多学生之所以提不起阅读的兴趣，正是因为觉得文本和自己没有关系。

“想在先”，可以起到改变被动阅读的状态，从而切实提升阅读能力的作用。先想一想可以怎样写，是读者阅读能力的起点，假如作者也这么“想”，便获得了一种思考价值的认同，有助于提升读者的阅读信心。更多的时候，作者可能并不这么“想”，究竟哪一个更高明？读者自然要和作者理论一番，“论辩”的过程无疑将改变“鉴赏就是褒奖”的畸形阅读现状。思辨是阅读走向深入的重要法门之一，前置的思考将突出“我”的存在，从最真实、自然的阅读状态，走向鉴别比较的阅读状态，学生将更为清晰地看到自己改变和提升的过程。阅读能力的提升，也可以从模糊走向真切。

长期坚持“想在先”，必将让前置的“想”的质量得到逐步提升，从而实现自主阅读能力的提升。没有前置的“想”的阅读，更多的是阅读之后获得对文本的认知，得到的往往是一种结论或答案，甚至只是知识。前置的“想”，相当于读者自己也写了一篇或若干篇文章，是在运用知识、结论或答案。知识、结论或答案不再是僵死的存在，而是活化为能力生成的因素。这无疑将让阅读变得更为灵动，“读通”也就容易得多了。

当然，阅读之前的“想”的形式和内容还可以更丰富有趣一些。

读本是按照人文母题组建单元的，文章本就存在内部和外部的必然联系。为什么不想一想它们之间可能有什么联系呢?“人生的境界”专题中有三篇文章，分别是乔艳琳等的《平凡的张鲁》、丁大同的《庸人》和王蒙的《人生三境》。我们可以按照编者的排版顺序“想”：平凡的人生是怎样的？平庸的人生又如何？平凡和平庸有哪些区别？平庸、平凡属于人生三境界吗？人生有哪些境界？“我”认识的人生三境界是什么？还可以用“人生三境界”去评价“平凡”和“平庸”的人生。这样就突破了单篇阅读，除了可以想平凡的人生可以怎么写，平庸的人生有哪些特点，人生的三个境界是什么，还可以让三者发生联系，形成一定的逻辑关系。这样“想”，阅读时就自然会注意由此及彼、相互参证了，阅读也就不再是点状，而是线状、面状，甚至是立体的了。

读本如教材一样，只是个例子，为什么不突破专题走向整本书呢?例如，读完“生与死的对话”专题中的《左忠毅公逸事》《梅花岭记》《与妻书》，“传奇小说”专题中的《柳毅传书》(节选）和《聊斋志异·促织》，“时代的影子”专题中的《贞女》《缀网劳蛛》《归去来》，“说不尽的阿Q”专题中的《阿Q正传》，“一千个读者就有一千个哈姆莱特”专题中的《哈姆莱特》(选场)，如果用“我”的“人生三境界”去评价主人公们，他们的人生将分别属于怎样的境界？这样“想”过，再去读王蒙的《人生三境》，阅读就不会只是去了解或认同作者的观点了。况且，这些作品涉及政治、爱情、生活，关乎道德、伦理、情感等丰富的内容，涵盖人生的各个侧面，将让阅读变得更为广大、深沉，我们的视线也将跳出编者的框子，变得自由、活泼。

阅读不是一件急于求成的事，当一篇文章、一组文章或一本书放在我们面前时，不妨先想一想。交流到这里，小李若有所思。

好奇心从哪里来

巴金的散文《木匠老陈》中的一段文字让我久久回味：

> 我那时注意的，并不是他本人，倒是他的那些工具：什么有轮齿的锯子啦，有两个耳朵的刨子啦，会旋转的钻子啦，像图画里板斧一般的斧子啦。这些奇怪的东西我以前全没有看见过。一块粗糙的木头经过了斧子劈，锯子锯，刨子刨，就变成了一方或者一条光滑整齐的木板，再经过钻子、凿子等等工具以后，又变成了各种各样的东西；像美丽的窗格，镂花的壁板等等细致的物件，都是这样制成的。

儿童的心思是藏不住的，童年巴金显然着迷了！他“只要有空，就跑去看他工作”，甚至有了放弃学业，不走富家孩子读书、做官的道路，跟陈木匠学木工的念头。他的好奇心究竟是从哪里来的？

在人们眼中，好奇心自然是儿童天生就有的。然而，小巴金为什么就有了放弃学业的想法呢？是教师的知识水平不够吗？他的教师是“前清的老秀才”，不但是秀才，还是“老”的。巴金说是“老秀才不知道教授的方法”导致的，“他只教我们认一些字，呆板地读一些书。此外他就把我们关在书房里，端端正正地坐在凳子上，让时间白白地过去”。“呆板”“关”“端端正正”，这样的读书就是枯燥的煎熬，是把鲜活的生命囚禁在狭窄的空间里，将童年时光装进密封罐里，让人失去探索的自由、想象的能力。

然而，这一幕光景离我们远去了吗?《人民日报》曾刊登过一篇某中学实行严格的军事化管理的文章。这所学校的一名学生说，每天5:30起床，5:45之前必须离开宿舍，拿着书到跑操地点集合。跑操结束后，所有班级必须跑步上楼早读，6:38，班里的80多个人（除去七八个不吃饭的）全部离开教室的时间甚至可以用秒来计算，为的只是能吃到早饭，因为7:00之前要回到教室上自习。如果去晚了，在楼道堵5分钟，排队5分钟，来回7分钟，最多只能有3分钟吃早饭的时间……在学校生活了3个月，才明白什么是人间炼狱。学校本是最美好的地方，在这个学生的眼中却与人间炼狱相同，这样的地方还能称为学校吗?然而，去这所学校“朝圣”“取经”的个人和团队却络绎不绝。

十多年来，很多学校对外宣传的是自己推行素质教育的成果，而其实军事化管理才是其骨子里的追求。虽然有一些清醒的人站在“立人”的角度批判这一现象，但还是无法抑制相当一部分人疯狂攫取分数的内心。当教育以一种极端的形式扭曲儿童时，便成为一种戕害。这与龚自珍《病梅馆记》中所言“斫其正，养其旁条，删其密，夭其稚枝，锄其直，遏其生气，以求重价”的行为如出一辙，可谓“病”矣!

童年巴金在陈木匠那里又看到了什么呢?是有轮齿的锯子、有两个耳朵的刨子、会旋转的钻子、像图画里板斧一般的斧子等。这些东西都是课堂里看不到的，也是书本知识里没有的，它们像玩具一样可爱、奇特。我们仿佛能看到小巴金好奇的眼神、流连忘返的模样，感受到他恨不能也拥有一套木工工具的心理。

好奇心只是一种潜藏的存在，让好奇心在学生的眼眸中闪光，还需要足以诱发它的“知识”。这样的“知识”，对学生而言，应该是“以前全没有看见过”或者未能深入了解的，还应是“奇怪的”，也就是超越学生一般想象的。

如今，我们在课堂上津津乐道的又是怎样的知识呢?听一个“高考名校”的名师介绍他们的教学经验：课文只讲古诗文，剩下的就是“课课练”“天天练”，直到练至“条件反射”的程度。学生看到景物描写，就能想到“渲染氛围”“烘托人物心境”“表现人物形象”“推动故事情节发展”等，就算“练成”了。这些知识本该用三年也许更长的时间，在广泛的阅读中不断发现、生成，我们却用短短的一节课时间“告诉”学生，然后再用三年时间去强化他们对这种“旧知识”的认识。哪一个更具有探索性？哪一个更能让学生睁开好奇的眼睛？毫无疑问，应当是前者！

怎样才能为学生打开一扇通往新世界的大门？教师必须比学生更善于学习，更有学习的耐力，只有这样才能让学生保持恒久的好奇心。譬如，小说除了讲“段落大意”和“三要素”之外，还能讲些什么？教师只有大量阅读小说才能讲出“新意”，如叙事的节奏、描写的尺度、抒情的分寸、故事的视角等。当然，我们还要不断给学生提供打破成见的优秀文本，让学生获得更全面的认知。比如，教学鲁迅的“投枪匕首式”文章的同时，是不是还可以提供《我的第一位师傅》《论“他妈的”》等文章呢？

要让儿童敬佩你，对你和你掌握的知识、能力充满向往和期待，你要有变魔术一样的创造力。在童年巴金眼中，陈木匠的双手充满神奇的力量，原本粗糙的一块木头，经过他的手“就变成了一方或者一条光滑整齐的木板”“又变成了各种各样的东西；像美丽的窗格，镂花的壁板等等细致的物件”。小巴金完全被陈木匠征服了，他不由得产生了“探秘”的念头，甚至有了做木匠的想法。

因此，教师还必须是创造的榜样，是学生心中向往的“高地”，让学生见证你创造奇迹的过程。几年前，我观摩两节公开课，两个教师用一种教学设计，请学生打破思维的模子，将一些看上去毫不相干的名词放在一起，组合成一首小诗。一个教师自己毫无作为，直接让学生去创作，结果课堂气氛迅速跌至冰点，不少学生昏昏欲睡。另一个教师则甘愿“抛砖引玉”，创作了一首诗：

露水

衬衫　钢笔

自行车　线装书

百合　鸽子

夕阳

课堂上，四十多双眼睛，立即亮起来了，课堂一下便被点燃了，快速进入“活”的状态！

巴金说：“老陈和他的徒弟的工作使我的眼界宽了不少”“过惯了这种单调的生活以后，无怪乎我特别喜欢老陈了”。

好奇心，还从教师那里来。

问出“一朵花”

新学期，一位正在校外补课的学生问：“补习班的教师教我们写作文，就是几种思路加几组素材，像数学排列组合一样能玩出很多花样。您总是让我们思考‘为什么’，像这样‘一路追问’，难道能问出‘一朵花’来吗？”

闻听此言，我的内心一阵疼痛，不是因为她质疑的语气和过于直接的态度，而是因为她是非不分的“坚定”和深受毒害而不自知的状态。写作是表情达意的需要，这是常识。将写作等同于数学里的排列组合，是技术为先、表情达意为后的反常识行为。任你玩出千万种模样，也掩饰不了虚、假、空的嘴脸。前些年流行一个叫“写作大师”的软件，写作者只要选定主题，素材库里就有可供“拼盘”的庞大资源，一篇作文短时间内便能轻松“搞定”。它成了许多中小学教师和学生的宠儿，有的教师甚至用它拼凑所谓的“下水作文”，有的学生借此“复制”“粘贴”糊弄教师。如此一来，写作者不是一个思想者，而是一个电焊工或者组装工，本质上是以偷盗为生的“三只手”。舍弃追问“为什么”，而以模块组合为乐，最终败坏的将是人的思维品质，让人变成不会思考的榆木疙瘩。令人心痛的是，这位同学成为应试教育的奴隶而不自知，不得不说是一种悲哀。

“发问”本是人的天性，也是表情达意得以深入的重要因素，只有善问的人才能写出真正的“花儿一样的文章”。

学生小卢向我倾诉，疯狂的应试教育压缩了他的生活空间，写作只剩下“编故事”，完全没有“真情实感”。小卢的苦恼是当今中学生的普遍困惑，切肤之痛几乎人人都有。然而，有限的生活就不是生活吗？在这样的生活里就一定写不出好文章吗？其实，当我们开始追问自我时，便会发现表面封闭的生活里也有广阔的空间。小卢有些吃惊，对我的观点将信将疑。接着，我向他抛出了一系列问题：

疯狂的应试教育是怎样导致你的生活空间变得狭窄的？

他说：“应试教育可能本来也不是什么可耻的事，但是家长总是逼着我放弃兴趣爱好，以成绩为唯一的衡量标准。我曾经计划在高中阶段阅读二十部长篇小说，高一刚开始我读了《罪与罚》等世界名著，可期末考试成绩并没有明显提升，家长认为读这些书没有用，便开始扼杀我的阅读计划。刚开始我还能读一些短篇的文章，后来我只能读单篇文章。为了阻止我看‘闲书’，他们给我报了许多辅导班，高二整整一年我一本书也没有读过，没有时间也没有精力去读。”

应试教育究竟让我们失去了什么？有哪些可能是难以挽回的？

他有些迟疑，沉默几分钟后，说：“疯狂的应试教育让我失去了学习的乐趣，失去了主动求知的好奇心，失去了对知识和能力形成的渴望，失去了学习的动力，失去了对教师和知识的敬畏感……最难以挽回的，可能是我现在已经开始厌学，失去了学习的动力，人也变得有些自私狭隘。这很可怕……”

是被逼无奈，还是不由自主，抑或是欲罢不能？

这个问题让他脸红了，他说："一开始是被逼无奈的，我也反抗过，甚至和父母发生过冲突。他们都以'青春叛逆期'来看待，对我软磨硬泡，弄得我有火无处发。时间长了，我也就习惯了，不用他们说，我也会主动为考试而学习。因为我发现，这样学习虽然很辛苦，其实也很轻松，因为各门功课考试的内容差不多是固定的，各种题目练熟了以后，我答起题来几乎不用费多少脑筋。没有挑战，没有风险，成绩也比较稳定，这样一来我也就乐得舒服了。人本来就是有惰性的，这样的学习其实就是在释放并培养惰性，我不能确定学习有没有真正发生。"

你有没有尝试过跟家长沟通？他们不知道过度应试是有害的吗？

他说："我妈妈就是教师，她当然知道应试教育的危害。我看过她开家长会时用的PPT，里面就有培养学生综合素养的建议，比如坚持一种兴趣爱好。我指着这张PPT问她，为什么不能让我也这样发展。她说，你还不够优秀，只有优秀的孩子才有发展兴趣爱好的权利，只要你稳定在班级前三名，我就给你自由。这话明显不合逻辑，我进行了反驳。结果，她恼羞成怒，说我狡辩，然后又哭了，说我不懂事顶撞她。爱是妈妈对我的真挚情感，也是她对付我的'武器'。我想，她做教师的理性一定是被做母亲的感性打败了。"

我又追问了两个问题：

有没有想过从更高处看应试教育，为狭窄的学习生活开辟新的空间？
是什么让你最终放弃了将头转向"窗外"的意识？

小卢的眼里冒出了一丝光亮，他似乎找到了感觉，便接着我的问题主动追问，并做了自我解答：

未来我们将怎样做父母？怎样教育自己的孩子？

什么是理想的教育？怎样才算一所真正的学校？

再过三十年，中国还会持续地走在应试教育的道路上吗？

…………

不知不觉两个小时过去，快下晚自习了，他还谈兴正浓，并为自己对应试教育有如此细腻而深入的认识而激动。我给他读了纪伯伦的一则寓言，让他追问下去，看看会有怎样的发现：

日出的时候，狐狸看着自己的身影说道："今天的午餐我要吃一只骆驼。"整个上午它就四处寻找骆驼。但中午时它又看到了自己的身影，这回它说："有一只老鼠便够了。"

第二天一早，小卢就来到我的办公室，眉飞色舞地对我说："老师，回家的路上我一直在想这个寓言故事，并不由自主地进行了追问。"他自问自答：

狐狸的目标为什么会从"吃一只骆驼"变成"有一只老鼠便够了"？

因为狐狸只看身影不看自己，是一只"不知道自己是谁"的狐狸。因为不知道自己是谁，才导致不知道自己的需求究竟是什么。

是什么让狐狸变得如此愚蠢？

眼里只有食物，心中只有欲望，它整个上午都在"四处寻找骆驼"，唯独没有反省自我的时间和意识。欲望会让聪明的人失去理智，变得可笑而愚蠢。

狐狸想知道自己究竟能吃下什么有哪些途径？

问自己，想想肚子有多大；问父母，听听他们的建议；问同类，看看同类吃什么。

怎样才能拯救这只狐狸?

它并没有愚蠢到无药可救的地步，至少还知道根据情况改变自己的需求，只是它依据的是自己的影子，而不是他自己。首先，要让它照一照镜子，了解真实的自己；其次，要让它学会三思而后行，在欲望面前“停三秒”。

半个小时过去了，他还在不停地说：

假如狐狸就这样生活下去会怎样?

现实生活和文学作品中有狐狸这样的人吗?

狐狸这样的人有什么样的危害?

如果全社会都是狐狸一样的人，将会是怎样的情景?

人们怎么才能不成为这样的狐狸?

会不会有人认为狐狸“很可爱”，做只狐狸也不错?

…………

上午第一节课的上课铃声响了，我不得不终止他的追问。在小卢的追问中，我欣喜地看到，他已经能透过现象看本质，注意到因果分析，思考解决问题的对策，进行联系对比思考，甚至有了假设分析……当他开始追问时，所谓的“方法”已经悄然而自然地用上了。

我夸奖了他的求知精神，并开玩笑地说：“看来你的学习欲望并没有完全被扼杀，老舍说‘考而不死是为神’，你还是挺有韧劲的！希望这股韧劲陪伴着你，让你一直问下去，争取问出‘一朵花’来。”

还是没有“读通”

有一种现象常让我们苦恼：一些看起来阅读量挺大的学生，作文总有些烦琐，甚至不得要领。都说阅读是写作的前提，可为什么他们只是增加了一些写作“素材”而已，内核上却并不清通？

我想，上述现象的根子还是出在没有把书“读通”上。刘再复先生曾说，他虽酷爱读书，也广泛读书，但最终认定，读书最要紧的不是读多，而是“读通”。所谓“读通”，就是要穿透书本。而毕飞宇先生也曾说，比写作才华更重要的是阅读才华。“读通”的人才算是有阅读才华的人，也只有“读通”了，写作才能四通八达而又清通畅快。

从阅读到形成阅读才华，并非轻而易举，与阅读者的感受能力、基础水平、兴趣爱好等复杂因素密切相关。有天才的成分，也有后天的原因。只有调动这些由内到外的综合感知，才能真正形成阅读的才华。

鲁迅先生有言，我们不仅要从大作家应景完成的作品中学习“应该这么写”，还要从他们未完成的作品中学习“不应该那么写”。只有知道了“不应该那么写”，才会明白“应该这么写”。无论从何种角度来说，只有深入作品内部，“吃透它”，才能真正感知作家写作的密码。近些年来，我们的阅读走向精致的模式和肤浅的平庸，而这些都忽略了直觉感知或者理性思考，要么僵化，要么粗糙，很难从根本上形成可以借鉴的写作启示。

新课改之初，流行过一句时髦的话——“与作者对话”，现在似乎很少有人提起。

“与作者对话”，是走进作品内部的重要途径之一。以有形的作品为载体，站在作家的角度，与其探索作品的呈现方法、主题选择、手法拿捏，甚至进行二度创作。长期以来，我们习惯将作家的风格作为一以贯之的特点，以无差别的态度去阅读所有作品，获得的阅读体验是“零度”的，甚至带有负面效应。譬如，谈到鲁迅先生便似乎只有“匕首”“投枪”，全然不顾《我的第一个师父》《阿长与〈山海经〉》的深情与幽默；提到老舍便是明白如话、一目了然，却很少想起《断魂枪》的深邃、沉痛、忧伤……“脸谱化阅读”已经成为“应试阅读”的重要法宝，教师以建模的方式告知学生在短时间内完成相应阅读任务的“规律”，省略了学生自我“感”“悟”与“整”的过程。阅读，是滋润的过程，是“慢”的艺术，没有雨水的浸润，没有阳光的照射，只有毫无节制的“催熟”，换来的必将是不健康的果实。比阅读结果更重要的是初始的态度和中间的过程，你怎样对待阅读，它也会怎样对待你。没有过程的阅读对写作的启示性力量势必变得微弱，从来没有陪同作家爬过整座山，你又如何能领悟他完整的心境与探索、探险的过程。“脸谱化阅读”是影响读者写作能力提升的重要因素之一。

追求情节的刺激性、曲折化，是目前我们重要的阅读取向特点。此“爱好”本无可厚非，我们必须“睁了眼看”，锻炼分辨优劣的能力。中国古代小说，除《红楼梦》外，人物形象容易类型化，情节也有类型化的特征，人物难脱孝子慈母、才子佳人、忠臣明君，情节往往难逃“大团圆”的怪圈。现代小说发生了明显的变化，“十七年文学”又呈现出脸谱化问题，二十世纪八九十年代虽有所改观，但还是难以跳出怀旧、恋爱与斗争。二十一世纪以来，奇幻、言情成为网络小说的主流，以《花千骨》等为代表的作品成为学生津津乐道的“热点小说”。很多学生是伴随着《鬼吹灯》等作品长大的，怪诞离奇、惊险刺激、潜流暗涌的情节成为这些小说的卖点，也成为读者吸食的精神鸦片。然而，兴奋之后，往往什么也没能留下。

写作的核心是什么？并不是故事，故事只是外在表现，内在的情感、思想才是真正的源动力。阅读是中小学生获取思想、体悟情感的重要途径之一，如果我们只关注情节，而忽略其背面的存在，将有入宝山空手而归的遗憾。情节化阅读满足的主要还是人追逐刺激性的心理需求，往往因过于注重故事情节的曲折跌宕而无视作品的主题内容、潜在意蕴以及作家的深刻思想。有人说，阅读就应该是一种放松、休闲，何必如此在意其内在？阅读有深浅之别，有专业、业余之分，有娱乐、内化之异，对成长中的人而言，只择娱乐一端，是狭隘、肤浅的。一个从小读唐诗宋词、托尔斯泰、泰戈尔的学生，一定再也读不进“垃圾”。

2013 年，广西师范大学出版社对近 3000 名读者吐槽最多的“读不下去”的书进行统计排序，《百年孤独》《追忆逝水年华》《瓦尔登湖》《尤利西斯》等外国名著荣登榜单。为什么读不下去？太长，太沉闷……这些理由的背后，其实就是少了“刺激性”。众所周知，这四部作品都以“厚重”而举世闻名，长久的情节化阅读已让读者养成了“拈轻怕重”的陋习。仔细想一想，这些年来稳居“中国作家富豪榜”前列的作家及其作品，多以魔幻、宫斗、探险（盗墓）等“轻”“浅”“曲”且刺激的作品为主。人们看不进去《苏东坡传》，对《甄嬛传》《芈月传》则情有独钟；无视《猎人笔记》，对《盗墓笔记》则痴心一片……没有贴近性灵的精神阅读，如何才能产生写作的冲动？又怎样才能拥有叙说、议论、抒情的能力？浅层次或庸俗化的作品读得再畅快，也不能算拥有了“读通”的能力。“读通”能力要从厚重的作品中去获取，“读通”一本经典胜过读了许多只是情节跌宕的作品。

“读通”才能写好，写通顺。

激活比训练重要

思维可以训练吗？我想应该是可以的。人在孩童时代多以本能或直觉判断事物，并做出相关行为举动。譬如，人皆有利我的自私，总喜欢将好吃、好看、好玩的东西收归已有。在家长们的耐心劝诫下，多数孩子会放弃“好东西要占为已有”的思维习惯，学会与别人分享。

然而，写作思维是一个特殊的概念，它是人们表情达意的方式、方法以及路径等，具有广阔性、灵活性，训练的结果往往是对这两种特性的抑制，会产生极大的负面效应。

教学经验告诉我，对写作思维而言，激活远比训练更重要。“激活”是一种“启动”，是从内部调动写作的欲望；“训练”是一种干预，是从外部规范写作的路径。

写作是一件好玩的事。如果教师不是一个“好玩的人”，提到“写作”二字就紧张、不安，每逢写作课都“端着架子”，过度强调或歪曲“文章乃经国之大业，不朽之盛事”的思想，那么学生就会被唬得三缄其口、无从下手。

教师的“玩心”是让写作课变得生动活泼的一个重要因素。在王鼎钧的《讲理》一书中，杨老师向学生“阐述”什么是“讲理”时，就和学生玩了一个游戏：让大家猜测纸盒子里是什么，允许通过提问逐一排除，学生在快乐的推理中得出了是“橘子”的结论。教师没有将写作理论居高临下地灌给学生，而是在玩中让大家体会什么是讲理，并获得讲理的乐趣。

中国的语文课堂缺乏的可能不只是文化品位，还有幽默与轻松。教师的机智幽默将让学生放松，继而敢想、敢说，而这些是写作真实发生的前提。

激活写作思维，必须以练就一双发现问题的眼睛为第一目标，只要能找准问题的“爆发点”，学生便“有话说”，“说好话”也就简单多了。问题的“爆发点”在哪里？在不明的原因、不知的后果、不清的条件、不白的矛盾……在困惑与疑虑发生的地方，是不弄明白便寸步难行的困扰，是不清楚便难以自拔的忧虑，而不是“公说公有理，婆说婆有理”式的和稀泥。比如，有些家长不希望孩子读《水浒传》，认为它太血腥。就这一现象而言，哪里才是引爆学生思维的“点”？是《水浒传》究竟是怎样一部作品？还是没有正确阅读观的家长企图以己度人？很明显是后者。作品是沉默的瑰宝，阅读者能获得怎样的“享受”，完全取决于他的眼界和眼光。凡作品皆“有毒”，以“有毒”为由将作品拒之门外，幻想着有一个纯净无瑕的文学世界，这是可笑而且愚蠢的。怎样练就这双眼睛？多“读”是前提，多“想”是根本。

既然是“激活”，就要有思考的空间，“一眼望到底”将陷入“激而不活”的尴尬。学生常写不出曲折生动的叙事类作文，我们却很少想办法去激活，丢下“感动”“遇见”“爱是不能忘记的”一类的作文题，便企望学生的作文能曲折生动起来。这样做，无异于随便抓一把东西撒在地上，就做起了丰收的美梦。假如抓的是“大米”而不是“种子”，我们的渴望便只能是痴人说梦。与其僵硬、狭窄地“教学”，不如想一想如何去“激发”。如叙事类作文的写作技巧，是不是可以通过“创意写作”来获得？“老李从对面走来，我却一笑而过……”请接着往下说。“老李”是谁？“我”是怎样“笑”的？“我”和“老李”是什么关系？“我”为何而“笑”？“却”是什么意思？……虽然只有一句话，空间却是无限的。不用刻意灌输写作知识，学生的脑海里已经掀起了波澜，教师要做的只是组织、引导，因为学生的思维已经“启动”。

当然，“激活”不只是为了凑热闹，一定要有情感、思想的支撑，否则，或将走向轻浮，甚至庸俗。因此，教学设计本身要有“正气”。譬如，“说这话的时候，领导不在……”，指向的可以是小人物隐秘的内心世界和职场压迫下的生存危机；“多年不见，一直住在对门的邻居……”，针对的可以是现代社会人与人之间的隔阂与冷漠；“黄昏来临，我却看见了光明……”，揭出的可以是人们内心对光明的向往之情……冷热之间，明暗之际，总有牵动人心的存在，那就是情感和思想。高中生写作思维的激活与小学生是有区别的，小学生更多的是一种唤醒，高中生则更为深入。

要激活学生的写作思维，教师还要做生活中的有心人。过去，我有一个不好的习惯——走路时常用胳膊夹着一本小书，以便等红绿灯时看上两眼。三年前的一个早晨，正当我乘隙看书时，一个尖细的声音从身旁响起：“喂，同志！走路不要看书！”一位皮肤白皙得有些吓人的老者正盯着我，他脸型瘦长，活脱一个雷公，只不过看上去更善良，又略带偏执，或许还有些说不清的忧郁。我怔怔地愣在那里，直到他走出十来步，我才发现他拎着一个手提袋，上面写着“同学五十年”。当天的语文课上，我在黑板上写下一行字：

“喂，同志！走路不要看书！”说这话的时候，他拎着一个手提袋，上面写着“同学五十年”。

然后，我和学生们一起“接着往下想”。大家发言踊跃，各种奇思妙想瞬间涌出。我也不时抛出自己的想法，虽然一些设想遭到同学们的“批判”，但我却特别开心。这次教学经历让我养成了记录生活见闻的习惯，常将有价值的内容搬到写作教学中来，借此激活学生的写作思维。一些学生知道了我的这个“秘密”后，竟开始效仿，写起了“生活笔录”。

写作思维不宜多“教”，而应多引导学生自己去“想”，激活写作思维远比教写作方法、机械训练更重要。

感想不等于评论

第十届“中国作家富豪榜”出炉了，据人民网消息，前十强中，“幻想类作家占据了前四席。除了‘状元’江南以外，‘榜眼’雷欧幻像也是一位‘脑洞大开’的作家，‘探花’则是受小朋友追捧多年的‘童话大王’郑渊洁，童话作家杨红樱则位列第四”。

一名即将成年的高中生，必须对此有独立的见解，并做出自己的判断。榜单一发下去，课堂立刻活跃起来。然而，不少学生回避了评论，写了一些抒情味儿极浓的感想。综观这些作品，行文散乱的较多，观念集中的较少；感性抒发的较多，理性思考的较少；视野狭窄的较多，开阔深入的较少。标题大多较为随便，如“一份榜单”“读‘榜单’有感”“我们都一样，年轻又彷徨”，甚至有的学生直接以“有感”为标题。

学生为什么热衷于写感想？这是一件令人百思不得其解的事。出于研究的需要，最近我观看了从小学到高中的一二十位语文老师的课堂录像，一些共性的问题呈现在我面前，其中就包括很多教师的口头禅“你有怎样的感想”。

一位初中语文老师教《送东阳马生序》，解释字词后，让学生朗读两遍，接着便是生动活泼的“说感想”环节。“宋濂小时候借书来读，他家好穷啊。”“宋濂抄录借来的书籍，还‘计日以还’，做事多有计划性啊。我要向他学习，今后一定将学习计划制订好、实施好。”“有借有还，再借不难，宋濂以他的诚信打动了藏书的人。诚信是每个人都应该有的道德品质，人无信不立。我们应该以宋濂为榜样。”“宋濂真能忍，老师‘叱咄’也不反抗，反而更加礼貌。宋濂正是因为能忍，才成为‘明初三大家’之一。”……课堂气氛沸腾了，被点名的学生几乎都能发表一番“感想”。然而，《送东阳马生序》究竟是怎样的一篇文章？我们细读这一段便能清楚地知道宋濂作此文的目的：

今诸生学于太学，县官日有廪稍之供，父母岁有裘葛之遗，无冻馁之患矣；坐大厦之下而诵《诗》《书》，无奔走之劳矣；有司业、博士为之师，未有问而不告，求而不得者也；凡所宜有之书，皆集于此，不必若余之手录，假诸人而后见也。其业有不精，德有不成者，非天质之卑，则心不若余之专耳，岂他人之过哉！

宋濂是借表扬东阳马生的机会训诫太学生，他们吃得好、穿得好、住得好，却学不好，就是心不专的缘故。教师不关注文本的核心价值，任由学生天马行空、隔靴搔痒地发表感想，只能冲淡乃至曲解文本的意蕴，甚至误解文本。

类似的情况小学或许更多，因为涉及情感的文章相对较多，谈谈“感想”也就在所难免了。

《高尔基和他的儿子》是一篇很容易被脸谱化阅读的文章。高尔基在意大利的一座小岛上休养，妻子带着十岁的儿子来探望他。儿子在小岛上栽种了各种各样的花草。春天到了，花儿全都开放了。欣赏着儿子种的花，高尔基心里有说不出的高兴。他在给儿子的信中说，“要是你无论在什么时候，什么地方，留给人们的都是美好的东西，那你的生活该会多么愉快呀！那时候，你会感到所有的人都需要你。你要知道，‘给’，永远比‘拿’愉快……”语文老师照例让学生谈“感想”，小朋友们“脑洞大开”，有的说“高尔基的儿子真能干哪，小小年纪居然能种各种各样的花”，有的说“高尔基的儿子真有心，他没有光种一种花，而是种了各种各样的花。细腻的人往往是有爱的人，我想，他一定是一个对世界万物有着敏锐观察力的人”，有的说“高尔基真伟大呀，他善于抓住每一个细节教育儿子，不像我的爸爸总是训斥我”……这篇文章究竟想告诉读者什么？选文开篇说“高尔基是一位伟大的作家，他很爱自己的儿子”，这里有两个信息：其一，伟大作家高尔基和寻常人一样，也很爱自己的儿子；其二，伟大作家高尔基爱自己的儿子，不是一般的爱。高尔基爱儿子的独特之处在哪里呢？就是不失时机地告诉儿子一个道理：“‘给’，永远比‘拿’愉快。”作为一个伟大的作家，高尔基领悟到人生快乐的真谛，他的伟大还在于将这个真谛传递给了儿子。再想一想学生们的感想，是不是有些偏离文本了呢？

巴金的《家》中说：“觉民看见梅的这些举动，起了种种感想。”感想可能比较灵动、感性。学生对感想情有独钟，与教师缺少理性思维有关。感想常常意味着“随意说”，怎么说都不算错。当前，我们的课堂常常充斥着感想，而缺少必要的理性思维。这也是当下中学生作文矫揉造作、“为赋新词强说愁”的多，而有独立见解、分析透彻的少的重要原因之一。

评论与感想的不同在于，评论重在判断、阐述、分析，感想侧重于感慨、联想。从古至今，评论也包含了不同的内涵，评论一词暗含了几层意思。

评论，可以是批评、议论的意思。如《后汉书·党锢传·范滂》：“君为人臣，不惟忠国，而共造部党，自相褒举，评论朝廷。”又如唐人吕岩《七言》诗：“此道非从它外得，千言万语谩评论。”

评论，还可以理解为“斟酌，考虑”。如元代无名氏《杀狗劝夫》第一折：“哥哥你自忖量，你自评论，你直恁般爱富嫌贫。”

评论，有商议、商量的意思。如《三国志平话》：“三人邀吉平入阁内，评论杀曹操。”

评论，还有表示商榷之处的意思。如《警世通言·老门生三世报恩》："这八句诗，乃是达者之言。末句说'老去文章不值钱'，这一句，还有个评论。大抵功名迟速，莫逃乎命，也有早成，也有晚达；早成者未必有成，晚达者未必不达，不可以年少而自恃，不可以年老而自弃。"

因此，面对第十届"中国作家富豪榜"，我们为什么不能这样思考：人们为何不读经典？什么才是真正的作家？厚重文化何处寻？是"雅俗共赏"，还是"俗不可耐"？是看书，还是看"明星"？又为何不可这样想：孰"轻"孰"重"，时间才是最后的大法官；换一条路走，才能正确认识原来的路；阅读质量的危机，就是审美趣味的堕落等。

生活中，我们固然需要感想，但绝不能缺乏理性的评论。

辑四

认真写好一句话

认真写好一句话

和很多教师一样，我也常思考这个问题：如何另辟蹊径，让学生真正爱上写作？

一次课间，班级正在发书，捆书的绳子散落了一地。粗心的我不小心被绊了一下，差点儿摔倒在地，手上的备课资料乱七八糟地掉在了地上。为了掩饰难堪，我极力控制自己的情绪，不急不忙地指着地上的绳子说："绳子，让乱七八糟变得规规矩矩的是你，让儒雅镇定变得手忙脚乱的也是你，你是地地道道的'多面手'！"全班同学笑得前合后仰，接着又情不自禁地鼓起掌来。我灵机一动，不如就让大家以绳子为思考对象，每人说一句话。

"只说一句话？不是八百字？"

"对，张某一言，驷马难追！"

原本沉闷的课堂立刻生动起来，大家争相发言，说出了许多好句子。譬如：

绳子，你结实的程度往往不取决于长度，而取决于粗细的程度。

绳子，乐观的人用你攀缘着找到生命的出口，悲观的人拴个套将自己吊死。

一位同学的话让我至今难忘："绳子，当你束缚别人时，也就束缚了自己！”这句话不正是在说我的写作教学吗？过去，我总是侧重于各种写作技巧的传授，而忽略了情感的激发；总是想着让学生写一篇八百字的文章，而没有想到带领学生好好地写“一句话”！长此以往，学生只知道写作技巧，却无法灵活运用，渐渐地便失去了写作的热情。

本是“应景”之举，没想到学生们的“一句话”却说得如此生动、深刻。我意识到“说好一句话”关系到语言表达、认知水平、价值取向等方面，可谓包罗万象，应该有值得探索的价值。从此，“一句话作文”便走进了我的教学视野。

每次上“一句话作文课”时我都带上录音笔，当天晚上将在课堂上发现的“好句子”整理成电子文档，第二天印发给大家。同学们从自然风物说到生活物品，兴味盎然，不见懈怠。例如：

溪流，也许并不一定清澈透明，但是当它从指缝间流过时，我们却能感受到水的灵动与欢愉。

光，穿透黑暗给我们带来了光明，但是也让我们看清了空气中的尘埃。

螃蟹，活着的时候横行霸道，却常免不了被煮的命运。

镜子，它的诚实并不能阻止人们继续欺骗自己。

粉笔，消失不一定是死亡，而是换了一个活的姿态。

修正液，可以覆盖记忆，但是无法让它消逝。

玻璃，光鲜的外表下却是易碎的躯体。

火柴，一生的等待只为一瞬的绽放。

气球，区区细线怎能拴住渴望蓝天的心？

在不断写作中，同学们发现并总结了“写好一句话”的一些窍门，比如关联词法、修辞法、判断法、对比法、矛盾法、含蓄法、化用法，等等。不少同学一有好的写作方法，便主动和其他同学交流，让班级同学吸收借鉴。在一次以图钉为思考对象的课上，一位同学的发言让我对“说好一句话”有了更大的“野心”。他说：“图钉，头重脚轻，注定了你难以自立。”是呀，我们正在进行的“说好一句话”只是局限在对一些物象的哲理生发上，缺少对人生、历史、教育、文学、艺术等广阔领域的关注，注定了是“头重脚轻”的！此后，我便有意识地将“说好一句话”引向了更深远处。譬如，一次以教育为主题的“一句话作文”课上，学生的许多观点让我和很多教师都觉得汗颜：

教育，归根到底是要让孩子自我觉醒。

教育不是要造出成百上千个奉行统一意志的行尸走肉。

比“素质教育口号”更重要的是“关注人的基础教育”。

成年人早已厌倦的世界，儿童却能从中发现诱人的天地。

同时，我还发动学生自己去寻找兴趣点。要求：或有趣味，或有深意，或有争议等。为了让自己选择的话题能得到同学和教师的认可，也为了让自己的课堂表现更精彩，同学们忙得不亦乐乎。但一年之后，我和学生都有一个同感：务虚多于务实，空想多于实际。大家一致认为将目光投向社会是我们“一句话作文”的出路。

例如，曾经在全国各大媒体上疯传着这样一则新闻：

高中教材中杜甫插图被学生们涂鸦成各种形象：端着狙击枪凝视远方的，开着坦克向前冲的，戴着墨镜骑电动车出门的，骑着自行车去买菜的，吃上洋快餐的，和美女翩翩起舞的，穿着运动服打篮球的，坐在桌前“切西瓜”的，玩转千元安卓机的……这一组“杜甫很忙”的课本涂鸦图片，让已经成名一千多年的“诗圣”杜甫，突然间成了“微博红人”。

我们组织了一个“一句话快评‘杜甫很忙’”写作活动。首先要求大家“用一句话概括新闻内容”，力求言简意赅、生动简洁。例如：

新时代的杜甫——一个比模特儿还要繁忙的潮人。

杜甫，教师眼中的忧国诗人，学生眼中的“百变小樱”。

八月秋高风怒号，卷我身上一层袍。袍飞换得千人装，东奔西走意气豪。

然后同学们便展开自由发言，有的是对事件性质的判断，有的是对这种现象产生原因的剖析。许多评论让我和同学们眼前一亮：

将自己的梦想嫁接给圣贤的古人，可笑的不一定是古人，被笑话的也许只能是我们自己。

昔日的古道诗人被打扮成了时髦的“新古典主义”，就像给被连根拔起的树木嫁接鲜花，万紫千红得有些疯狂。

古典与现代的混搭免不了“吸人眼球”，但如果杜甫不愿意，就只能算作是“文化挟持”了。

为了鼓励同学们将“一句话作文”进行到底，我将大家说的和写的“一句话作文”打印出来，开展了一次评选活动。然后将其中同学们公认的好句子，分成二十一个话题编印成一本四万多字的小册子，取名《一句话哲学》，让大家回味咀嚼。

但是，“一句话作文”进行到此，我们忽然觉得无话可说、山穷水尽了。一次意外的机缘，我直接或间接地得到了章熊、王栋生等老师的指点。他们对我的做法很感兴趣，也提出了一些建设性建议。章熊老师从语言表达的修辞技巧等方面做了精心的指导，还将这本小册子和“一句话快评‘杜甫很忙’”等内容放到了自己的博客上，组织全国各地的教师讨论。不少教师讨论并“奉和”了我的做法，也有一些教师提出了中肯的建议，进一步拓宽了我的思路。章老师还留下一个疑问：怎样才能将“一句话”变成“一篇作文”?

“一句话作文”写了两年以后，学生对事物已经有了比较深刻的认识，语言表达水平也得到了大幅提升。最重要的是，学生已经由原来的“要他说”变成了“我要说”，而且“能说好”。我想，对一个有思想的学生来说，这已经不算一件很难的事。比如，我不动声色地做了三件事：一、请解释你的“一句话”；二、请就一件事或一个话题，从不同侧面写三到四个“一句话”，然后用关联词将它们变成一段完整的话；三、按照一定的顺序解释这几个“一句话”，力求有理、有据、有手法。这样，学生在不知不觉中便写好了一篇议论文或散文，还有人打趣地说：“写文章不难，不就是‘一句话’的事嘛!”

“一句话作文”，我已经在课堂上实践了四年，自觉困惑和收获一样多。“一句话作文”可以帮助学生克服写作的畏惧心理，调动学生的参与意识，给予学生发挥的余地，开阔学生的视野，提升学生的认知水平、语言表达能力。但也存在一些需要继续思考的问题，比如，如何安排不同类型的“一句话作文”的写作顺序?“一句话作文”有没有违背科学原理的地方?

学生说过这样一句话——“细看一朵花的美好，胜过匆匆走过整个花市”，也许我还要继续实践并反思四年或者更长时间。

“手”里有乾坤

一直以来，我们都有一个困惑：为什么学生的作文总是“观点雷同，缺乏新意”？这自然和学生“见识浅薄”有关，但也一定与观察意识的缺乏及相关联想、想象能力的缺失有关。又是一届高一新生，同样的问题又浮出水面。在教学食指的诗歌《相信未来》时，我发现了一个教学契机：

我要用手指那涌向天边的排浪，
我要用手掌托起太阳的大海。

这两句诗到底该怎么读呢？是“手 / 指”“手 / 掌”，还是“手指”“手掌”呢？同学们从诗歌的动作性、形象性，以及寓意、节奏等多个角度进行了论辩，都觉得各有其妙、各得其趣，正所谓“横看成岭侧成峰，远近高低各不同”。看到大家兴奋不已的样子，我决定在第二天的语文课上，让大家以自己的手为观察对象，展开想象和联想，并写一句或几句“自鸣得意”的话。为了方便阐述，我画了一幅示意图，如下（实际操作中不必刻意对照，灵活运用就行，否则只能是“心为形役”罢了）：

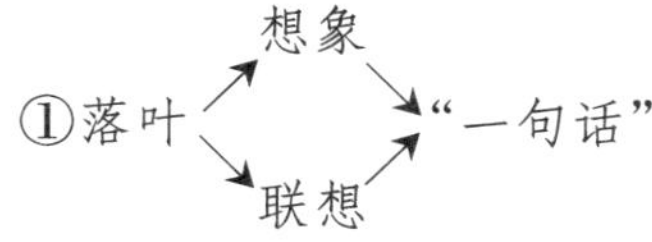

②落叶→想象→联想→"一句话"

③落叶→联想→想象→"一句话"

为什么要设置"一句话"浓缩这个环节？我主要出于以下考虑。在以往的实践中，我发现很多学生想象和联想很多，但常常想而无物，提炼出"一句话"有助于学生反思和纠正自己想的过程。想象和联想是发散思维的主要形式，"一句话"浓缩则需要加工、组合的聚合思维，两种思维方式综合练习，有助于学生思维能力的多方面提升。从想象、联想到"一句话"提炼写作，突出了语文性。这里所说的"一句话"，并非每次思考只能写一个"一句话"，鼓励并提倡写代表不同思考结果的多个"一句话"，这也是激发创造思维的一个办法。

同学们伸出手的一刹那，哄堂大笑。很多同学说："老师，这怎么像算命？是不是要看看爱情线、事业线和生命线哪？"我追问道："你们相信手上的纹路代表了一个人的命吗？"一位同学不好意思地说："爱情线、事业线和生命线，都是算命先生的'金钱线'，我们要是信这个，就真的是'命悬一线'了。"刘逸天同学解释说："人生就像手心纠缠的曲线，无论曲折、迷离，抑或平坦、清晰，都将沿着生、老、病、死的轨迹走到尽头。"我趁热打铁地说："看来'手'里有乾坤，不能人云亦云哪！"

为了便于课堂操作，也为了培养学生的观察习惯，我引导大家从"颜色""形状""结构""功能"等方面观察、想象和联想，然后凝练成"一句话"。

颜色是事物显而易见的特征，但与我们朝夕相伴的手，颜色相对单调，大家似乎也并没有认真观察过，因此讨论相对单调，但也不乏鲜活与灵动之处。

同学们翻看着自己的手，似乎并没有发现什么看点，课堂立刻陷入了沉闷。我望着刚刚军训归来的学生黝黑的脸蛋说："俗话说'人要脸，树要皮'，在这次军训活动中，大家怎么没有保护好'脸皮'呀？"联想到军训被暴晒的日子，学生立刻活跃起来。

谈正说："军训归来，手臂全晒黑了，而手表下压着的手腕却很白。这可以从两个角度来看：其一，不同的环境造就了不同的命运；其二，有时限制就是一种保护。"同一个现象两个不同的思路，谈正同学的发言为大家打开了思考的闸门。

周适昀说："为什么晒黑的是手背，而手心却几乎没有什么变化？握起拳头看看，你定会发现裸露在外的是手背，手背的作用是保护手心。当然，没有手心也就没有手背，没有手背也就没有手心。总结成两句话：一是手心正如人的心灵，手背则像人的身体，心灵离不开身体，身体保护心灵；二是在恶劣环境下，人的身体或外在会因为适应而改变，而心灵则是极难改变的。"

罗睿的话言简意赅，但发人深思："黑，是因为接受了阳光；白，是因为拒绝了光明。"

汤贺珺若有所悟地联想道："脚比手白，因为它总是被藏着。"

高禹桁有了特别的发现："手上的伤疤虽已掉落，但伤口的肤色却一目了然，正如因为一些事留下的伤口可以愈合，但疼痛的记忆却难以被抹去。"

大多数同学未能突破黑与白两种色彩，这和同学们未能关注自己接触到的和见到的手有关系，因此，很多同学对"手的色彩"的联想和想象仅停留在概念上。但就思考的内容和特点而言却显得很丰富：有的是对成因的探究，有的是对结果的考量；有的是就手说手，有的是借手明理；有的是一语道破、言简意赅，有的是余韵未歇、耐人寻味。

形状是事物最直观的显现，对“手形”进行观察、联想和想象，也是理所当然的。

大家首先想到的是“手形”的共性和个性。

陈天怡说：“伸出手，从手背看大家的手都差不多，但手心的指纹、掌纹，每个人都是不同的，都是独一无二的，正如人，外表看起来也许差不多，但追求、爱好、性格造就了不同的人，造就了人的独特性。”汤贺珺对陈天怡的话做了补充，并浓缩成了一句话：“每个人都像手，表面上差不多，‘内心’却千差万别。”这一观点，相当一部分同学涉及了。但是，大家对“手形”本身的想象和联想似乎并不怎么擅长。我故意拉长节奏朗诵道：

我要用手指／那涌向天边的排浪，
我要用手掌／托起太阳的大海。

同学们迅速心领神会，各种形象的说法喷涌而出。

陈驰说：“手掌是海，手指是江河，江河万转总要汇入大海。”

宋鼎说：“指节是树的枝节，纹路是树的龟裂，双手传承创造的文明如树木繁衍生生不息。”

有的说：“手像火炬，指引着每一个人前进的方向。”

有的说：“手像铁犁，丰收只属于勤劳的耕耘者。”

有的说：“手像四季，不同时节有着不同的温度。”

…………

按常理来说，关于“手形”的共性和个性的思考，属于具有一定深度的思维，而对“手形”本身的想象和联想则是更为自由的发散思维，为什么大家会直奔深刻的思维而罔顾自由的思维？课后我和同学们聊天，大家的“一句话”让我看出了问题的端倪。不少同学说：“初中写作文时老师再三强调立意要深刻，怕说浅了被人笑话。”可问题在于，大家都想立意深刻，但由于缺乏自由的思想，往往会陷入“求深而得浅”“求异而得同”的尴尬。从后来大家的发言情况来看，只要给学生充分的自由，让他们大胆地想，就一定会有惊喜!

颜色和形状都是手的外在，而“结构”则是手的内在机理，需要从手指与手指、手指与手掌、手背与手心等各个方面进行细致观察，而联想和想象的难度也进一步加大。

汤贺珺说：“一手五指，长短不一，各不相同，但缺一不可。”这是同学们首先想到，也是最容易想到的内容。她又补充了一句话：“手向内弯曲自如，对外则宁折不弯，人也应该如此，有所为有所不为。”这句话赢得了同学们的掌声，因为她的观察是一般同学没有注意到的，而联想到人的行为准则又是贴切、自然的。

黄杨思博的话具有科学性：“二十几块骨头构成了一只手的支架，如果没有这些骨头，手只是一坨无法活动的肉。正因为有了这些骨头的限定，手上的肌肉才愈加坚挺，而手才愈显灵活。”据此，她联想：“社会中的规则就如同这些骨头，它们的存在，不是为了刻板的束缚，而是为了运作的灵活，为了人类在社会生活中可以柔软地屈伸。”

陈驰的发言很有意思：“中指和无名指很难分开，而食指和中指很容易张开：每个人都有可暂时分开的部分，也有不可分离的部分。”这句话不但来自观察，还源自动作体验。同学们根据这句话，边做手势边体会其中的内涵，大多点头称是。

陈驰的另一句话则让大家赞赏不已：“当我们竖起中指向别人表示不敬时，这种姿势是很别扭的，而当我们竖起大拇指向别人表示尊敬时，则轻而易举。”这句话让大家对现实生活中的很多人和事产生了联想，并在讨论中形成了一句话：“既然竖起大拇指向别人表示尊敬轻而易举，而竖起中指向别人表示不敬特别沉重，何不‘避重就轻’?”

卢哲邈说：“四指靠拢而大拇指独在一旁，只有这样，大拇指才能在握住东西时更好地发挥作用。人生也如此，默默无闻而不妄自菲薄，鹤立鸡群而不妄自尊大，才能发挥最大的作用。”他的这一“发现”引起了班级同学的浓厚兴趣，大家七嘴八舌地展开了讨论。有的同学由卢哲邈的“一句话”想到了历史和影视作品，还有不少同学有了新的思考。其中两个同学的发言很精辟，一个同学说：“大拇指，不要总是哀叹自己的孤独，谁让你是‘老大’呢?”另一个同学说：“大拇指，是受赞美还是遭唾弃，全看你有没有摆正自己和另外四指的位置。”

在这个环节中，同学们的思维比较活跃，出现了不少“理性”的思考，比之前对手的颜色和形状的观察、联想和想象要好。这一信息似乎在告诉我：高中生的理性思维能力要强于形象思维能力。或者说，高中生的形象思维能力明显弱化了。这一点值得我们注意。

人类聪明于其他生物，与大脑的发达程度有关，还与学会了用手密不可分。抓、握、推、砸……各有功用，从手的功能的角度进行观察、联想和想象，结果一定丰富多彩。

熟能生巧，这个观点是学生首先想到的。王宇轩说：“手是人体最灵巧的一个器官，我们用它劳作、创造，还用它从事各种活动、演奏美妙的音乐。我们要善于动手，将‘手’这个器官的功能发挥到极致。一句话：人类的手不能只是用来欣赏的装饰，没有劳作的锤炼，一样会变得迟钝。”苏泰宇补充说：“手很灵活，原因是我们经常使用，没有手臂的人，脚一般会很灵活，说明熟能生巧，我们要坚信这一点。”

为了让同学们说出真情实感，且言之有物，我启发大家从手在生活中的一般作用出发展开联想、想象。

崔畅说：“练毛笔字时，手掌是虚虚握住的，不能太紧，也不能太松，人生便当如此。”

温力成说：“很多时候，交流不需要语言，仅仅一个手势便涵盖了千言万语。”

陈楷灵补充说：“我忽然想起‘执子之手，与子偕老’这句话，脑海中有这样一幅画面：一对老人手牵手在夕阳下渐行渐远。这是世间最美的风景。”

宋明明的话很“煽情”：“手总是与爱相连。牵手，拥抱，抚摸，祈祷，或赐福，那么多温柔而神圣的动作，都来自沾满了爱的指尖。一个对世界怀着炽热的爱的人，必定有一双特别的手，它不一定漂亮，却一定温暖。”

张敬仪的发言将同学们带入了对手的功能的辩证思索：“握拳收紧和摊掌放松，每一种状态都不可能长久，相互转换才是人生的两种常态。”“一双手，虽然不一定能握住成功或幸福，但可以握住收获这些东西的决心和勇气。”

庄雨成说：“手，可以制造出幻想中的东西，也是粉碎幻想的工具。”

汤贺珺说：“上帝赐予人类这双手，既给予他追求幸福的权利，也要求他担负撑起一片天的责任。”

邹珮说：“人生而拥有一双可以做事但并不万能的手，万能的机器却一定是操纵在并非万能的手中的。”

陈驰说：“当握拳时，握得越紧，指甲就会越深地陷入肉里，力量的取得往往离不开个人的牺牲。”

罗睿的思考发人深省：“我们来到这个世界时，紧紧地握着稚嫩的双手，生怕有什么没有抓住；我们离开这个世界时，轻轻张开已然枯老的双手，担心还有什么没有放下。”崔畅补充说：“手是空的，象征清白无辜，如果握得太多，就会妨碍正常的活动，不如索性放手，给自己以轻松和自由。”

刘硕晨的发言很有意思：“手心强大，无须过多修饰，却藏在反面；手背脆弱，备受呵护，而美在其表。呵护手背往往是为了吸引人们关注内在的手心。”有同学不同意他的观点，并形成了争论，这部分同学认为：“人们为了外在的美，常常将最好的呵护给了手背，却忽略了满是老茧的手心。”

这一教学流程是在自由、自然的氛围中完成的。同学们兴味盎然，大家观察得很仔细，想象和联想的内容也很丰富，而且能由单一的思考转而进行辩证的分析，有些“一句话”很有哲理意味。

我细细回味着同学们在课堂上生成的文字，很是兴奋。后来才发觉十多年来已有一些同行以“手”为题，进行了“多角度立意”写作教学。对照他们的教学设计，我的这节课不能算“完美”，因为不少环节是在我的提示下完成的。好在这一届学生刚读高一，只要我坚持做下去并不断修正，就一定会弥补不足，并有所发展。

写的时候太激动了

高一新生的第一篇“大作文”的题目是“长大”，批阅作文时，我惊喜地在一个学生的作文末尾读到这样的“自注”：

行文、书写有点儿乱，写的时候太激动了，请老师原谅。

“写的时候太激动了”，这句话出自一个高中生之口，真的不容易！

这些年，我们见多了味同嚼蜡的作文，能将字数“凑”满已属不易，有点儿真情实感更是难上加难，如今他居然“写的时候太激动了”，这是怎样的欢天喜地呀！读他的文字，我已经完全忘情，少了作为语文老师对文章特别苛刻的“癖好”，不再去想遣词造句是否精准、结构是否严密、手法是否灵动诸如此类的“完美要求”，而是沉浸在他诗人一般的惆怅、兴奋和喜悦之中。回忆之前批阅到的这位同学的几篇“随笔”，似乎并没有太引起我的注意。也就是说，从通常意义上来讲，他的写作水平好像一般。究竟是什么触动了这位同学，让他觉得写作是一件可以激动起来的事，又让我也有些激动了呢？

想来，这可能与我对作文教学的反思和几点做法有关。

我们一贯使用的作文原题是这样的：

选一幅你最喜欢的儿时照片，面对照片，你会想起许多往事，可能会有一种忽然长大的感觉，人生充满了许多这样的自我发现。你有什么想告诉大家的吗？请以“长大”为题，写一篇散文诗。

这个题目我让两届学生写过，总是有很多学生说假话、乱抒情。

有的学生将自己“塑造”成一个战胜无尽苦难的青年，写自己是如何从悲惨的命运中走出来的。绝大多数学生的成长都有一个路线，即“幼稚”“懵懂”“彻悟”。不管经历了怎样的人生过程，大家都有一个大彻大悟的“长大”的结果。很多“情感细腻”的学生很有写作的“架势”，除了“情感淡如水”之外，修辞有一大堆，手法也“圆滑”得很；相当一部分同学似乎害怕教师“不能透彻领悟其情感”，文中加了不少诸如“啊”“真的”“实在是”“相当的”一类增强情感的词语。作文题目没有限定字数，但是绝大多数学生会自觉对照中考要求，在700字处“戛然而止”，当然还有一些学生没能写到400字。

究竟是哪些环节出了问题？按常理来说，是不应该出现这样的情况的。

苏教版《语文》(必修一)(2008年6月第5版）的第一个专题“向青春举杯”的选文可谓别具匠心。既有“吟诵青春”板块青春热烈的诗歌《让我们一起奔腾吧》、苦难中执着坚定的诗篇《相信未来》，也有“体悟人生”板块突显成长的烦恼和矛盾的《十八岁和其他》、浓缩不凋的希望的《我的四季》，还有“设计未来”板块理智而有激情的《青年在选择职业时的考虑》(节选)、有趣而又深刻的《我的五样》。在这么多文本的交流碰撞之下，为什么我们的学生还是“写不出来”呢？更何况，还有苏教版《高中语文读本》对应的四个专题的大量文本的启发呢！

仔细看这个作文题，我才发觉还真的有点儿“难”。首先，这里有三个关键词：一是“往事”，必须写出切身经历；二是“感觉”，必须是感性体验；三是“发现”，一定要写出理性感悟。刚经历过中考训练的高一新生一定被它们，特别是“发现”二字唬住了！其实，这几个关键词完全可以换成一句老掉牙的话：写出你的真情实感。再者，散文诗是什么？怎么写？这一定束缚了学生的思维和情感，让他们“战战兢兢，如临深渊，如履薄冰”。且不论高一学生能不能弄明白什么是散文诗，即使清楚是什么，恐怕也只是一个概念而已。还有，是不是所有的同学都有一张能承载成长感悟的照片？如果没有怎么办？这个问题看似可笑，其实并非没有可能。

为了能让学生从束缚中解放出来，我这样布置这道作文题：

请以“长大”为题，写一篇能体现你真情实感的文章，要求如下：

1.真情实感最好：不要刻意思考结构、修辞，更不要一味追求所谓的深刻。你觉得怎样写能表达自己的真情实感就怎样写。

2.人、事和物自己定：能把握和驾驭，又能写得出来就行，不强求独特性。

3.不一定写散文诗：散文诗的要求太高了，你可以写别的文体的作文，想怎么写就怎么写。

4.字数不做要求：没有限定，实在写不出什么，就说说为什么写不出；如果写不长，200 字也是可以的；如果觉得思如泉涌，2000 字也不嫌多。

5.时限很宽松：不能当堂完成的，一周之内交给老师就行。

在这个设计中，我特别强调让学生写出“真情实感”，狄德罗曾说过：“没有感情这个品质，任何笔调都不可能打动人心。”这句话是绝对的真理，也是让写作成为一件有尊严的事的前提。“修辞立其诚”，这是在高中写作之初必须让学生心领神会的“硬道理”。

作文题这样修改之后，同学们显得十分兴奋，一阵交头接耳和一阵沉默深思之后，大家便提笔写作。十分钟后，我抬起头想看看有没有学生需要“指点”一番，结果没有；二十分钟后，我想看看有没有抓耳挠腮、左顾右盼的学生，还是没有；半个小时后，一个、两个、三个……不少同学要了第二张作文纸（每张可以写一千字）……下课铃打响了，大家还沉浸在写作中，根本没有察觉到时间的悄然流逝。

批阅完同学们的作文，我沉浸在无比的快乐之中。看，他们的写作是多么的自由而激动！

首先，涉及的内容更丰富了。长大的快乐、长大的忧愁、渴望长大而又惧怕长大的矛盾、对究竟什么是长大的反思、对被约束的拒绝、对自由的渴望、对爱的理解和主动施行、责任意识的觉醒、面对挫折的心态逐渐成熟、在对友情的感悟中长大、守护童心和梦想、不愿被世故的成熟侵扰，等等，全部出现在学生的笔下。不再是单一的路线式成长模式，也不再将长大和理性、成熟直接画等号，相当一部分同学倾诉了长大过程中的困惑和苦恼。文章主旨也不再是“高大全”“千人一面”，不少同学控诉了学校教育揠苗助长的行为，社会上功利、激进地扼杀童心的舆论氛围，个别学生的作文还有点儿呛人的“火药味儿”。

其次，文体、手法更灵动了。特别值得高兴的是两个班级有 14 人写了诗，而且是长诗。一开始我怀疑他们是不是凑字数，一路读下来才发觉篇篇情绪饱满、有滋有味。拜伦说：“难道热情不是诗的粮食、诗的薪火吗？”看来，真挚的情感让每个学生都有成为诗人的可能。一位同学的作文开始让我头痛不已，他开篇这样写道：“那是一个混乱的年代，我和所有孩子一样，都在做着和年龄不相称的傻事……”“混乱的年代”？这批学生都是“95 后”，哪里来的“混乱的年代”？仔细审读之后，我不得不赞叹其智慧！他将万千情绪和思索嫁接到了一个黑白片一样的“混乱的年代”，分明是在“借古说今”，是不折不扣的小说笔法呀！类似情况还有几例。令我激动的还有，原先我担心学生只会记流水账，不会谈感悟，后来发现很多同学叙事中饱含着情感，议论中渗透了个性化的情感，抒情不再只是单调地呼喊，描写也更加出色了。

再者，情感“触发点”更多了。不再只是围绕一张现实存在或者根本不存在的照片来写，“秋千”“老房子”“棉袄”“一本书”“书桌”“笔记本”“药片”“玩具”“发卡”“镜子”“美食”“蚂蚁”“老树”“（不同时期的）衣服”“游戏”“口头禅”“说话的语气”“街巷的吆喝”“夹在书本里的树叶”“熟悉的味道”“似曾相识的动作”“没有隐退的微笑”“外婆”“母亲”……真可谓各不相同，目不暇接。而这些具有个人气息的人、事和物的出现，便于学生情感的抒发和思考的深入，因为其中确实有一段段真实的情感。

特别要说的是，这次作文12%的同学写了800多字，55%的同学写了1000多字，15%的同学写了1500多字，有3个同学写了将近2000字，绝大部分同学已经达到并超过高中作文“800字”的要求。

不少学生文后“自注”了“怎一个‘爽’字了得”“快哉”“痛快”等表示“激动”的话。一个学生的“自注”引起了我的注意，他说：“本文是我第一次尝试写类似于回忆性质的文章，可能写得不太好，但是全部是真实想法，想到就写下了，如假包换……后面越写越潦草，请老师多多包涵。”这位同学和第一位同学一样“字迹潦草”，我想，并不是因为他们写的字不漂亮，而是“全部是真实想法，想到就写下了，如假包换”，所以“写的时候太激动”，以致“得意忘形”了。作为语文老师，我不应该责备他们，而应该感到高兴。不过，他还说“可能写得不太好”，是不自信，还是有其他原因？关于这个问题，我和部分学生交流，并仔细思考了一下。很多学生感到虽然写得“酣畅淋漓”，但是文章“不够精致，不能细看”。

写到这里，我再以一个“标准语文老师”的眼光读了一遍那篇“写的时候太激动了”的作文，发觉其中存在不少问题。比如，结构有松散现象，详略有不当现象，修辞有不准确现象……难道我们能仅凭这些作文的“身外之物”就武断地说这不是一篇好文章吗？

歌德说：“情感衰退使杰出的人失色。”我以为，文章过于精致往往会拘泥于形式而赶跑了灵气，不如质朴天然来得真挚。当然，不是说出现上述问题就“死不悔改”，这不，学生已经悟出其中的问题了，不如放手让他们去想吧——怎样才能结构更紧凑呢？怎样才能详略得当呢？如何才能修辞更准确呢？……好的写作者不是教师教出来的，更多的是自己悟出来的，这些问题对有写作冲动的人来说，都不是问题。

最后，我还是要呼吁：就让学生自由而激动地去写吧，不要给他们太多束缚！

写是为了让人活

写是为了让人活，而不是令人去死！

写下这句话时，我被自己吓了一跳。我们的写作难道会让人去死？粗略想想不能确定，细细想来却又是那么笃定，我们的很多做法的确正在将青春少年逼向死地。《新京报》的一则新闻更坚定了我的判断：一个十岁女童在九寨沟地震中遇难，她的父亲说“是为了写游记才来旅游的”。孩子失去生命自然不能归咎于作文教学的责任，毕竟此事纯属偶然。然而，为了让孩子“过好暑假”，我们是否布置过这样的作业？看一部电影，写一篇观后感；读一本书，写一篇读书随笔；参加一次活动，写一篇感悟；外出旅行一趟，写一篇游记……必须坦白，我也曾做过类似的蠢事。一个学生在随笔中这样感慨：“‘一言不合就要写’，背负着如此沉重的负担，还让不让人活?!”这句话如当头棒喝，让我从迷梦中惊醒。

写作是生活的一部分，但生活的目的不是写作。毫无疑问，教师“动辄得写”的教学行为已经挫伤了学生对写作的热情，甚至他们对看电影、读书、活动、旅行也产生了抵触情绪。这既牺牲了学生的写作，也毁掉了他们的生活。几年前我教高一年级，发现学生的记叙文中几乎没有写景，这一缺憾导致一些学生的作文看上去蓬头垢面，实在不耐品味。于是，我设计了一节景物观察课，带着学生漫步校园，寻找可以描写的“校园一角”。作文反馈那天，来自台湾的几个交流生跟班上课。同学们发言异常踊跃，大概是想在台湾同胞面前展现一下大陆青年的水平，前半节课几乎都是本班同学在发言。他们发现，“学校假山上的流水好似随时会被掐断的梦想”“落地的梧桐树叶好似无法收拾的心情”“标本林里的喜树好像在赌气一样疯长”“池塘的红鲤鱼一不小心消失在了水墨淋漓的画卷里”……正当同学们眉飞色舞地“秀诗意”时，一位台湾学生站了起来：“我很佩服诸位学友的口才和诗意，但是，老师说这节课是观察后的写景课，恕我直言，我感受到的全是修辞堆垒起来的‘情’，却没有看到真正的‘景’。”此言一出，全班陷入了黑洞一般的寂静。是呀，景在哪里呢？

另一位台湾学生的发言则让我觉得羞愧：“不知道老师为什么会设计这样一节课。观察景物其实可以有很多管道（即‘渠道’），为什么要定时、定点、定人呢？景，本来就是‘目遇之而成色’，有许多机缘巧合，还有一点儿自然而然，机械了可能就感悟不出来了。刚才各位同学的写景文字，其实是雷同的，没有特色，没有个性，没有生命，梧桐叶不是梧桐叶它自己，小鲤鱼也失去了它自己。我的感觉是同一双眼睛在看景物。冒昧地问一下学友，大家用心观察景物了吗？”接下来，课堂风向立转，很多学生表示赞同这位同学的发言，一个个诉说起从小学便开始的“一……就要写”的血泪史，声情并茂地列举了教师们杀死“真写作”的罪证。下课时，我的步伐是沉重的，而内心却又是喜悦的，我知道，这将成为我教学生涯中的另一个起点。

当天晚上，我重读了史铁生的《我与地坛》。我曾做过一个问卷调查，这是往届毕业生“最喜爱的教材文章”，因为它写景自然、真切，哲思自在、真挚。咀嚼《我与地坛》，我们会发现，史铁生和地坛的“景”是朝夕相处的，几乎不用刻意观察，他和它们已经融为一体。我们能够写出“蜜蜂好像灵巧的精灵”，却写不出“蜂儿如一朵小雾稳稳地停在半空”；我们能够写出“蚂蚁仿佛一刻也闲不下来的农人，总是在侍弄着自己的一亩三分地”，却无法写出“蚂蚁摇头晃脑捋着触须，猛然间想透了什么，转身疾行而去”……前者只是虚幻的想象，后者则是切实的描写，这一切看在史铁生的眼里，却也蓬勃在他的心里。然而，史铁生想过为叙事多一点儿“彩头”而观察景物吗？有过观察就是为了写作的念头吗？我想，当轮椅碾过地坛的每一寸土地时，他绝对不会想到这一切只是为了化为纸上葱茏的文字！

教师的指导应当顺其自然，而不是强行命令。写作本就是自由地抒发，我们却让它变得灰头土脸、身不由己。“一……就要写”，本就是一种嘶吼般的功利行为，“种瓜马上要得瓜，种豆立刻要得豆”，全然不顾浇水、施肥、除草、光照的自然生长过程。一些学生读得不算少，观察得也够多，活动也挺频繁，平时都能“一……就要写”，为什么他们的文字没有生命气息？因为我们扰乱了他们的生长周期，切断了他们通往写作的正道。他们打开的只是一扇虚假的写作之门，门后空荡荡的，是死一般的寂静。著名文学评论家汪政先生在《“非典型”的语文观：作为经验的语文》一文中说：“从古至今，我们的语文就是分裂的：一种是与生活密切相关与生活融为一体的，这就是我们真实的语文经验，是真语文；另一种是为了考试，为了上进，为了迎合，为了表演而习得的语言、能力与技巧，如科举、八股文等等，这是假语文，他与我们的日常生活脱节，更与我们的意志情感相悖。”如此看来，要让学生能写、会写，最简单的办法就是放他们回到生活中去，让他们和土地、自然、人群亲密接触。

再者，“一……就要写”，一切都在设计中，就剥夺了学生写作中的巧遇和偶然，也就剥夺了审美和创造的快乐，剩下的全是技巧。鲁迅和充满生命气息的百草园相遇，才有了抑制不住的兴奋和写景时的收放自如；朱自清与充满异域风情的欧洲相逢，才有了许多新奇的发现、深刻的思考和写景时的意兴盎然……生活没有了“不可预约”，作文也就没有了汪洋恣肆和出人意料，也就失去了生命的张力。更为痛心的是，我们还在坚定不移地“设计着”，日复一日，年复一年，用无聊、僵化去狙击趣味、自由和灵动。久而久之，“一……就要写”也就成为学生心灵上的阴影，听闻“一……就要写”他们就痛苦、抑郁。这才有了家长迫不得已的“为了写……才……”的举动，也才有了女童命丧九寨沟的惨剧。

但愿老师们的写作教学少一点功利之心，多一点生活的乐趣！

她不喜欢说理文

小徐说她读初中时有一个特别厉害的语文老师，教会他们写叙事文的多种结构方法，一件事他们能写出五六篇文章。至今，她仍然沉浸在写作叙事文的乐趣中，对说理文十分排斥。

这是一个令人头疼的问题。文体本身并没有优劣高下之分，关键问题是她对说理文充满偏见。我原本以为，她只是觉得说理文太过僵硬、直白，不如叙事文灵动、含蓄。细谈之后才发觉，她之所以排斥说理文，是因为说理文更多地建立在逻辑思维能力和对问题的深度思考上，这是她的“弱项”。正常的逻辑是“缺什么就补什么”，她却选择了“一缺到底”。课堂上，只要涉及说理文，她便昏昏欲睡或者发呆出神。

我无法去责怪她，因为在我的教育生涯中这已经不是第一例。近些年来，写小清新风格的叙事文、抒情文的学生越来越多，“不讲理”的也越来越多。在中国有一个奇怪的现象，或者说是写作教学的潜规则：在小学、初中阶段，一般写叙事文，到了高中才写说理文，甚至有权威专家一再呼吁高中生也应主要写叙事文。他们的理由是，十八岁之前的学生心智尚未健全，还不能对问题做出负责任的判断。我不能确定，叙事能力是否一定要优先于说理能力来培养，但我对说理文教学一味后置的现象确实不能理解。

理论上说，说理文和叙事文在内容上像天地一样广阔，它们的外延都是生活。但相较于说理文，叙事文在形式上可以发挥的空间似乎更大。

说理文主要靠逻辑推动，往往要遵循一定的规则；叙事文则可以不断创新，乃至花样百出。比如，同样表达一个观点，说理文在手法上不外乎对比、类比、归谬、正话反说、例证、理论阐述，在结构上不外乎对照、层进、并列等。叙事文相对而言则广泛得多：叙述的先后顺序，分为顺叙、倒叙、插叙、补叙、平叙；按人称变化叙事视角，分为第一人称、第二人称和第三人称；线索的选择，可以是人、物、情、事、时、地等；表现手法可以是描写、衬托、渲染、对比、伏笔、铺垫、象征、比喻、以小见大、欲扬先抑、借景抒情、卒章显志、托物言志……必须承认，叙事文在形式上更容易吸引中学生，丰富多彩的样式令他们痴迷也是在情理之中的。况且，青少年情感丰富，对世界充满了想象，伤春悲秋的事又常会发生，写起来自然得心应手。然而，如果一味追求形式上的创新，而忽略思想的深度，叙事就将走向华而不实的死胡同。其实，叙事、抒情和说理一样，都应追求深度，而这一切的基础就是见识。

说理，内核是对事物的认知和判断，外在的显示是逻辑。当代著名哲学家黎鸣在《学会真思维》一书中说："记忆力是你的天赋，理解力是你后天的经验和实践，创造力则是你的天赋结合后天努力的结晶。"认识理解事物需要后天培养，这里的"后天"绝非指十八岁之后。在《讲理》一书中，王鼎钧虚拟了一位杨老师，"他在某个学年之内，拿论说文作法做'作文教学'的重点"，设计了一堂堂精彩的说理课，内容生动有趣。王鼎钧在《新版前言》中说："我根据上述的构想，设计出一套教作文的方法，到汐止中学兼做国文教员，化整为零，随机实验。"可见，王鼎钧所设定的教学对象是中学生，回顾汐止中学办学历史，王鼎钧所教的应该是初中生。况且，"事"的背后蕴藏着的不只是情，还有理。如果我们只是片面地挖掘"情"，而忽略了"理"，叙事也不会沁人骨髓。如果抒情没有理的支撑，就会失之于轻浮；如果叙事没有理的浸润，就会缺少意蕴。其实，日常生活中，人们即使没有写过说理文章，也会天天讲理，刻意回避说理文写作就是在逃避生活。

说理文有时候看上去不可爱，因为既然要讲理，就有一些常用规则，如论证方法、论述思路等。过去很多人热衷于教学生写“三段论”，写的人多了，它就显得乏味了。中国人喜欢走极端，写的人多了，便索性抛弃了，再另觅他路。此后便出现了各种模式的作文，层进、对照、追问……渐渐地，写的人又多了起来，大家便感觉这又“机械”了，便有人选择了主动放弃。写作文，特别是在起始阶段，有时不能太相信创新，还是要相信传统。高中阶段的教学目标不是培养作家，而是培养合格的公民，公民就要参加公共说理，这是义务，也是责任。学习几种常见的思路，包括内容的选择和结构的安排等，对初学说理文的学生而言，是十分必要的。打一个不太确切的比方，在金庸的武侠小说《天龙八部》中，段誉的六脉神剑时灵时不灵，后来按照一定的剑法招数打出去，果然发出了强大的威力。

小徐对叙事文写作的极度守护，背后可能是对逻辑思维的忽视。怎样才能让她如同喜爱“感性的美”一样爱上“逻辑的美”，这是每一个语文老师都要思考的问题。

回顾这几个月来我的“说理”教学，主要做了这几件事：紧扣课文练习逻辑推断能力，比如，由《阿房宫赋》推想“对牛如何弹琴”（跟愚蠢的人怎样讲理），从《指南录后序》中读出一个生动活泼的文天祥（培养发现问题的能力），学习《鸿门宴》中刘邦如何化解危机（学会全面分析），读《廉颇蔺相如列传》思考“蔺相如怎样在职场发展”（初步接触批判性思维），思考《拿来主义》是写给谁看的（培养论说文的对象意识）；在习作中练习理性思维，比如，评论新闻事件（具体问题具体分析），以“也说‘____’（填一个熟语）”为题写作文（侧重于对问题的合理分析）。每一个写作教学设计都有一定的合理性，但都忽略了一个重要的问题，即没有从学生的生活经验出发，注重了教法而忽视了学情。逻辑思维能力的培养，起点还应是生活，以上练习虽然具有一定的灵动性，但是还缺乏真实可感性。其实，说理文涉及的基础概念可以从真实场景中找寻，通过再现生活场景设计教学应当是一条不错的出路。想起前几年的一节课，那天上午，天空万里无云，持续了半个月的雾霾一散而尽。有个学生在教室里嚷嚷："今天下午应该放假，这么好的天气被困在教室里，真是无聊透顶！据新闻报道，位于美国华盛顿州的贝灵厄姆教会学校因为天气好，全校放假一天！"我临时调整了教学内容，改为说理课，一起讨论这位同学的论证逻辑，发现漏洞并帮助他完善相关论述。课堂气氛异常活跃，大家在比较各种逻辑思路的过程中，感受到了逻辑的力量，一扫往常说理作文课的沉闷。

小徐回避说理文还有一个重要原因，就是她缺少以阅读为支撑的思想见识。许广平在《鲁迅先生的写作生活》一文中提到鲁迅说过的一句话："人家说这些短文就值得如许花边，殊不知我这些文章虽然短，是绞了许多脑汁，把他锻炼成极精锐的一击，又看过了许多书，这些购置参考书的物力，和自己的精力加起来，是并不随便的。"没有阅读打底子，或许就没有鲁迅的众多的"精锐的一击"。不过，很多阅读者还有另一重困惑，就是读了很多书还是无法运用到写作中去。鲁迅早就回答过这个问题，他反对青年人变成"两脚书橱"，强调"实地经验"，就是将阅读和现实社会人生联系起来。因为这远比脱离实际的空想，要"确凿"得多，丰富多彩得多。曾有学生问："《儒林外史》中有这样一段文字，严监生的妻子生命垂危，侧室假意献殷勤，骗正妻王氏扶她为正房。读这些文字对我们有什么用啊？现在实行的是一夫一妻制。"我对她说："文学作品往往是社会人生的投影，赵氏的人生经历与今日的职场是不是有着相似之处？"学生顿然醒悟，认识到其实文学广博的关怀，不限于故事本身，它可以跨越千山万水、千年万载。有些书本身就能启迪人的思考，让阅读者获得别样的思维乐趣和广阔的思想天空。如聂鲁达的《疑问集》中七十四首诗歌都是一组一组的疑问句式，这是一本让人爱不释手的诗集。下面三句话分别摘自三首诗：

为什么我们花了那么多时间
长大，却只是为了分离？

对每一个人 4 都是 4 吗？
所有的七都相等吗？

一天有几个星期
一个月有几年？

能想清楚每一个疑问，并做出合理的回答，便是一次思维的远行。

我十分羡慕小徐的初中语文老师，可以赢得学生长久的膜拜。但他未能向小徐展示说理文的魅力，只是一味地鼓励她写作叙事文，在这方面，我不敢苟同。好在来日方长，我相信小徐会爱上说理文，如同她喜欢叙事文一样，因为她表示会常去图书馆读书。

“好词好句”坑了你

学生小缪来找我，她说有一件事一直困扰着她：提笔写作文时总想到要进行景物描写，记叙类作文叙事时常常被景物描写淹没，作文“虚幻”得连自己都读不下去。

但凡一种执拗现象的背后，总有长期坚持的错误做法。小缪的苦恼并非个例，之前就有不少学生因为小学、初中的作文教学差不多就是“好词好句”教学，导致写作时总在斟酌如何写出精彩的语句或段落，常常因“用力过猛”而喧宾夺主，最终迷失方向。

我问小缪：“过去的语文老师是不是特别喜欢将描写出色的‘好词好句’当范文？”她连连点头。

她的回答在我的预料之中。遣词造句好本是写作的优点，但这些年的高考指挥棒误导了很多人，很多小学教师、初中教师已经在潜移默化中有了“高考意识”。十多年前，一位权威高考专家到处宣讲一条“高分秘诀”：作文必须有亮点，没有“太阳”，有“月亮”也行；没有“月亮”，有“星星”也可；实在不济，有个“萤火虫的屁股”也不错。对很多教师而言，“太阳”“月亮”“星星”实在教不出，便蜂拥而上孕育“萤火虫的屁股”。什么是“萤火虫的屁股”？不外乎“好词好句”之属。

“你是不是也因此特别喜欢背诵‘好词好句’？”我问道。她吃惊地说：“您是怎么知道的呀?！我不但背诵，而且还做摘抄，多数内容是因为写景好才被我关注的。景物描写好往往就有文采，我很羡慕能写出精彩语段的人。”

“一点光明难掩四周黑暗，萤烛之光毕竟微弱，往往只顾首难顾尾。文章是一个整体，专在一处绣花，难以绣出锦绣山河。我们必须破除为了精彩而描写的做法，否则作文将言不达意。”我刚说到这里，她忽然抽泣着说：“言不达意，这个词说的就是我，我总是写出来的不如心里想的，一提笔就忘事、忘词，这该怎么办?”

这个问题和前面的问题是一致的，是一个问题的两种表现。我们必须弄清楚几个问题。

首先，我们为什么要写作？她思考了一下，说：“自然是为了表情达意。”然而，你如此专注于描写一类的“好词好句”，为了吸引别人的眼球而写作，岂非南辕北辙?

卡夫卡说：“一个笼子在寻找一只鸟。”当我们的内心被“好词好句”套牢时，便失去了写作的自由和畅快，心里有什么，眼里看到的也就只能是什么了。有类似情况的同学在阅读时往往也会不顾全文说了什么，直奔“好词好句”而去，自以为得宝藏而归。每次教《今生今世的证据》时，我总会发现部分学生痴迷于精彩的描写内容，至于全文是什么意思，刘亮程想表达怎样的思想情感，往往不能准确捕捉。类似的现象还出现在《我心归去》《前方》《江南的冬景》《像山那样思考》《我与地坛》《云南冬天的树林》等文章的阅读中。新课改以来，教材中选入了许多具有一定文学价值且文质兼美的“新”文章。我观摩过一些公开课，不少就是对文章中描写类的“好词好句”的赏析课，课堂看上去很热闹，但其实已经将文章五马分尸、大卸八块，望文生义、曲解文意的现象层出不穷。阅读教学中教师要有全局观，学生也要学会“整体把握”。

其次，叙事文中写景的目的是什么？她说：“是为了渲染、烘托……最终是为了表情达意。”由此可见，写景不能成为叙事文的主体内容，它是为表情达意服务的。

叙事类文章的景物描写应当把握好一个度——“当写则写，当止则止”。“当”的标准，就是看是否“顺乎情，合乎理”。中秋节是中国人的团圆节，然而当下的人们或匆忙奔走于生计，或背井离乡在外地发展，往往将团圆抛在了脑后，留下守护家园的老人在失落中暗自忧伤。为表现这一话题，一个同学从“我”的角度看爷爷、奶奶中秋节的寂寞，全文有三段文字写了景：

窗外阳光正好，散了蝉鸣季节的火辣，只是静静地洒在初秋的大地上。我知道，中秋到了。（开篇）

中秋也无非是学习、玩耍、发呆……可当静下心来看见窗外摇曳的梧桐叶时，我还是会默念：今天是中秋节呀。（文中）

大地的夜，黑得阴森；天空的夜，明亮异常。而这“寂静”又令人疑惑……（结尾）

作者并没有对中秋节的景物进行细致描绘，开篇的描写是为了表达“中秋节不知不觉又到了”的情绪，文中的描写是为了突出没有节日氛围的不平静心理，结尾的描写则再次表达了对“寂静”的中秋节的不满，而文章主体内容则记叙了爷爷、奶奶准备过节的月饼、炒菜、吃饭等场景。全文写景文字并不铺张，但却将“我”对现状的不满和对爷爷、奶奶的心疼之情写得饱满而动人，这便是“顺乎情”了。

另一位同学的作文，则用了大段的景物描写，其中一段如下：

一轮明月悬挂在天空，仿佛要将千万年的光辉都倾注在这农家小院。院子里静悄悄的，繁星满天，梧桐树叶在秋风中喃喃低语，让人想起李煜“无言独上西楼”的寂寞和李清照“到黄昏，点点滴滴”的忧愁。菊花依偎在篱笆墙上，倾吐着浓郁的芳香，花瓣在草地上零星地点缀着，爷爷醉倒在石桌旁。远处喧闹的蛙鸣，渐渐地，消失在浩渺的秋夜……

粗看这段文字，似乎有些“唬人”，词句颇有些“美”。然而，且不说这样写是否“顺乎情”，爷爷的寂寞忧愁和李煜、李清照的寂寞忧愁是一回事吗？皓月当空时会“繁星满天”吗？中秋节还能听到“喧闹的蛙鸣”吗？心中无景，为写景而写景，往往弄巧成拙，须知写景也须“合乎理”。

要想改变多年来形成的惯性是很难的，习惯的力量是强大的，“习惯了”的力量也不可忽视。我给小缪提了两点建议：其一，读点儿好书，开阔眼界，本学期就从汪曾祺、李娟、契诃夫的书读起，改变过去只读报纸、杂志的习惯；其二，多进行以自己的生活为核心内容的“真实写作”，尝试以周边或他人的生活为核心的“虚构写作”。

这些道理小缪似乎全知道，但她能否彻底解决“提笔就写景”的问题，还有很多值得探索的空间。我和小缪商定“共同研究一学期”，她随时向我反馈她的写作状态，并进行自我修正，而我从旁加以点拨。

写作教学该拆违了

我曾读到叶圣陶先生的一段话，大意是：写作指导类书籍对增强“眼力”有帮助，对“腕力”的作用实在有限。这对热衷于追逐名师和专家的写作教学的教师来说，是一句响亮的提醒。

写作知识，可以分为公众知识和私人知识。梁启超先生认为，中学生就应当先学规范写作，这里的“规范”大约就是公众知识的写作。所谓“公众”的，就是普遍适用的、合乎普遍认识和规律的。比如叙事的一般顺序、常用方法，议论的一般方法、篇章结构等。这些知识都是必须掌握的，否则，写出来的文章或将让人不知所云。

然而，公众知识常常比较宏观，一旦过细，就将变得牵强、扭曲、不自然。此所谓“作文有常法，而无定法”。

当前作文教学的误区在于忽略“常法”，而片面追求所谓“定法”，将具有个性特征的作文的写法模式化，这对写作教学而言是一场灾难。“腕力”的获得岂能刻意求同？

“常法”即公众知识，是写作学的一般规律。对大多数人而言，所缺的不是获取这些知识的能力，而是持之以恒的意识和意志。常识，往往是说起来都懂，做起来常忘的显性知识。比如，说话要考虑对象，写作要有读者意识。这是尽人皆知的道理，可又有多少人能真正做到？中学生作文出现千人一面的“文艺腔”、思想高度统一的“议论风”，让本应多姿多彩的青春光华黯然失色，恐怕也是缺乏对象意识惹的祸。

当然，也不能说学生写作时绝对没有对象意识，只是我们的对象似乎只有一个人，即阅卷教师。教师按照自己喜欢的文章的样子或者按照经验中的写作方向教学，学生写的文章让教师高兴了就能得高分。很多初中教师从初一开始，很多高中教师从高一开始，便朝着“考场作文”的方向教。教师目标明确，不遗余力，学生被拖拽着朝教师指定的方向走，这也就难怪学生的作文总是千人一面、高度统一了。

在日常教学中，有一个现象值得反思：不少学生私下谈话充满思想，风趣幽默，令人钦佩，可提笔作文，却味同嚼蜡。为什么会出现如此分裂的现象？

叶圣陶先生曾轻松地说，作文就是用笔说话。从口头说话到书面表达究竟有多远的距离？如何行走方能便捷抵达？这可能要向经验要答案。王栋生老师曾打过一个比方：一只蜈蚣在自由地爬行，你觉得有缺憾，或者不够完美，就跟它说，第几条腿应向左运动，第几条腿应向右用力，第几条腿应蜷缩回来。蜈蚣听了你的建议，结果无从行走，变得僵硬迟钝了。十几年前全国很多地方开始流行“开篇三比喻”，不少高考范文便是如此。一次观摩公开课，教师指导学生“快速打开写作思路”，但他遇到了一件很尴尬的事。教师从“漂亮的开头”开始打开思路，学生们非常踊跃，纷纷搬出“开篇三比喻”，霎时间风、雨、雷、电，雪莲、雄鹰、芦苇……纷纷涌入课堂。问题是学生们扯完“开篇三比喻”后，便说不下去，迅速“卡壳”了。这三个比喻是必需的吗？与后文有什么关系？这些他们都没想过，也想不出来，因为他们从小就学会了这一套，而不是着眼于全篇的构思。如果学生“自然地说”“自由地写作”“不端架子”，或许就容易写并能写好了。

然而，“架子”要拆除并非一件容易的事。这“架子”是一节课又一节课反复加固之后搭建起来的，已经成为学生“机械的本能”，要想做到彻底拉倒，恐怕不是光有决心就能行的，我们面对的是最强劲的对手——我们自己。麦家的作品我读得不多，但他在一档节目中的演讲让我思之再三："语文成绩太好的人，成不了好作家。""语文成绩太好"是什么意思？翻译成"白话文"，就是"把考试摸透了，将考点弄熟了，把教师教的模式用好了……"西瓜本可以长出千姿百态的"圆"，你偏要套个模子让它们长，西瓜能有什么办法？只能照着一个模样长。张大春先生曾幽默而刻薄地说："如果还让我写作文，我再过十五辈子也当不了一个作家。"虽说中学作文教学的目的不是培养作家，但当作文教学成了"掣肘之患"时，一定会扼杀学生心中成为作家或者写作能手的种子。是时候对我们的写作教学实施"拆违"了！

我每年最怕的是教高三，特别是教高三作文，因为我总要面对许多被"违章建筑"包裹起来的奇怪文章，或者也不得不亲自带着学生盖一点儿"违章建筑"。小王是全校有名的写作高手，她曾获得江苏省乃至全国作文比赛大奖，她的文章曾令许多师生折服。然而，进入高三后，她的作文却在统一阅卷中屡屡受挫。小王观察力敏锐，善于从细微的生活场景中捕捉到诗性、哲理，但它们往往是碎片化的，缺乏较好的结构。情急之下，我开始给她讲解作文的结构，企图给她的文章搭建一个漂亮、坚固的框架。不久，她的作文写成了"四不像"，不仅失去了原有的精美，也没有形成理想的结构。我开始悄悄撤退，她的灵气似乎又渐渐复苏。正当她开始自我修复并探索属于自己的作文结构时，高考已经来临。炎热的暑假里，我常常自责，要是高三开学时我不去干扰她，让她学会自我塑造，岂不是更好？

是的，"架子"一旦形成，即使拆，也将伤筋动骨。"强拆"显得暴力，"好好劝说"又收效甚微。"早知如此，何必当初"，写作教学应当建立起一个从小学到中学完整的规划，多教顺其自然的常识，或者说，多引导学生认识并运用常识，少私拉乱接，更要杜绝"违章建筑"，避免小学、初中、高中一直都在"拆违"。

写作的"腕力"，其实就是文章直逼人心的力量。这股力量从何而来？从自我调整、感悟中来！

不妨“近水花先发”

“您觉得老师和学生真的能做到‘心意相通’吗？不知道为什么，老师推荐的书我常读不下去，老师命制的作文题我有时不想写或者写不下去。”一个月前，学生小敏的提问让我为之一怔。教学本就是一种激发，如果教师的教学设计不能引发学生读或写的冲动，反而抑制了他们学习的热情，岂不是一种戕害？

“教师心中要有学生。”这是颠扑不破的教学常识，然而，除了凭借经验猜测学生“应该会怎样”，教师还有没有让教学设计更贴近学生的办法？我想起十年前做过的一个教学探索：让语文课代表及几个热心于语文学习的同学先“试写”，我根据学生的建议和写作情况进一步修正教学设计。当年这个实践取得了比较好的效果，只是由于我探索的毅力不足，半学期后就“遗忘”了。

“试试”才知道学生能不能写出来、文本难易及篇幅长短等是否合适，而这样做对学生无疑是有益的。十多年前，流行过教师写“下水作文”，至今有一些教师依然在坚持。教师写“下水作文”的作用不言而喻，它有助于教师了解学生的写作状态及困境等，一些教师也因此收获了不错的效果。然而，教师“下水试试”固然好，可教师毕竟是教师，与学生之间存在诸多不同——人生阅历、知识储备和思想水平等均千差万别，很难做到全仿真模拟。课外阅读文本的选择亦复如是。目前，阅读已颇受关注，很多学校或教师在大力推广阅读，也涌现出不少知名的阅读推广人。然而，学生的阅读兴趣和爱好，教师真的了解吗？当阅读活动如热带风暴一样席卷而来时，教师要做“冷思考”。

莫言获得诺贝尔文学奖的那年，我听闻一个小学语文老师要求四年级学生读《檀香刑》的事，至今不能释怀。不得不说，这部小说的历史背景比较复杂：德国人在山东修建胶济铁路，袁世凯镇压山东义和团运动，八国联军攻占北京，慈禧仓皇出逃等。四年级的学生是否知晓这些历史？还有一些令人不忍直视的内容，譬如：“赵甲一刀戳中了钱的心脏，一股黑色的暗血，如同熬糊了的糖稀，沿着刀口淌出来。这股血气味浓烈，使赵甲又一次体验到了恶心的滋味。他用刀尖剜出了一点钱的心头肉，然后，垂着头，对着自己的脚尖说：‘第五百刀，请大人验刑。’”读完这段文字，您认为关于“四百九十九刀”的内容还适合四年级学生“品读”吗？后来我得知，这个教师自己并没有读过《檀香刑》。“莫言获奖了，他的作品一定优秀，好东西自然要给学生读”，他的逻辑链中显然缺失了对学生接受能力等因素的考虑。然而，诸如此类的名著阅读“下移”现象，早已屡见不鲜，且有愈演愈烈之势。

“试试再决定”，这本是做事的常识，在很多行业已经得到关注和重视。近年来便出现了许多有趣的营销策略，衣服可以“试穿”，家电可以“试用”，食品也可以“试吃”，而这一做法深得人们的喜爱。虽然师生关系不可等同于商家和消费者的关系，但教师不能因此无视或武断否定其可取的方面。为避免出现教师“带感”而学生“不来电”的现象，教学中也可以尝试组织部分学生，在教师的参与下先行“下水”试读、试写。

谁来试？这是摆在教师面前的一个难题，处理不好将弄巧成拙，甚至适得其反。首先，教师要在学生中拥有良好的信誉，形成一定的人格魅力，让学生愿意尝试这样的前置学习活动。为了让这一尝试长期坚持下去，教师还要和学生做一些必要的约定，并注意确保“下水”学生的多层次性。比如，教师给学生一定的时间了解相关内容，学生可以根据自己的爱好、需求等主动报名；教师还应注意“常变结合”，可以让少数学生多次参加“下水”活动，也应争取让更多的学生有机会“下水”，以营造和谐的教与学的氛围；有些教学内容不适合提前“广而告之”，可以由教师指定学生试读或试写。

怎么试？教师可先与学生讲明此次试读、试写的目的以及意义，将学生由被动的接受者变为主动的参与者，师生“同谋”课堂教学。过去，我们习惯于直接将文章或书籍、作文题塞给学生，作风强硬，大有不容置疑之势。长期处于被动接受状态的学生，岂能具有良好的个性和创新的能力？试试，这一过程必将促进学生更深入地了解读与写的教学目标，并以更清晰的思路引导自己的学习行为。于教师而言，这是一次深度备课，势必进一步优化或者改变教学内容与课堂结构，让课堂成为学生想要的课堂。

还有一个细节值得关注和反思，即学生“下水”之后怎么办？我们要为“下水者”制定个性化的二度学习目标，让他们与学习开始一次新的相逢。例如，教学内容是“如何写出复杂的记叙文”，一般同学能做到“情感复杂”或者“情节复杂”即可，二度学习的目标可以改为“以复杂的情节表现复杂的情感”，这就是小报体的《毕业二十年同学会》和契诃夫的小说《胖子和瘦子》的区别。

写作教学和阅读教学“少、慢、差、费”现象早就存在于语文教学中，可谓积弊已久。我们可以尝试做一些试读、试写的“前教学”工作，不妨“近水花先发”。

完美也可能令人乏味

学生中不乏写作的“完美主义者”，他们总希望点点滴滴都美味香浓。于是，思想求最深，语言求最美，素材求最新……在文风衰颓的今天，他们的精神着实可贵，但效果往往欠佳，多数学生的作文看上去无懈可击，读起来却极易令人疲倦，难以产生读下去的强烈欲望。

读了威廉·萨默塞特·毛姆的《总结：毛姆写作生活回忆》一书，我才明白一个道理：完美也可能令人乏味。

年轻的毛姆曾执着于改善自己的写作语言，如饥似渴地阅读了大量名家作品。他被斯威夫特的散文迷住了，“认定这才是从事写作最完美的方法”。但随着阅读的深入，毛姆发现：“然而完美有一个严重的缺陷，就是很容易乏味。斯威夫特的散文就像一条两岸栽种着白杨树的法国运河，贯穿一个优美而地势起伏的国家。它那安静的气质让你内心充满了满足感，但它无法激发人的感情，也不能刺激人的想象。你读啊读，一会儿就有点厌倦。于是，尽管你敬佩斯威夫特的绝对清晰、简洁明了、自然流畅、毫不做作，但除非他讲述的事情特别吸引你，否则你的注意力一会儿就游离开去了。”类似的阅读体验，也可能发生在我们身上。林清玄的文字句句动人，篇篇有哲理，篇幅短小而含蓄隽永，满溢佛的光辉。《莲花开落》《温一壶月光下酒》等的语言质朴内敛，内容入情见性，然而读了几篇之后，我就有了“放下”的念头。精致、完美，是人的下意识追求，许多写作者也会不自觉地孜孜以求，然而，很多作者一辈子都没能体悟到完美带来的快乐。这于作者而言是遗憾，对读者而言是一个疲倦接着一个疲倦。“完美致死”的提法可能有些夸张，却也不失为一条重要的经验。

人的审美追求是一个独特的存在。恰如一个人练书法，日日追求每一笔的绝对完美，将成为千字如一的“馆阁体”书法家，然而永远达不到王羲之从容变化的妙境。同样临池不已，是什么造成了高下之别？卫夫人是王羲之的书法启蒙老师，她是怎样教小羲之书法的呢？且看她的《笔阵图》：

> “横”如千里阵云，隐隐然其实有形。
>
> “点”如高峰坠石，磕磕然实如崩也。
>
> …………

当我们还在刻板地描红，追求细节的完美时，卫夫人却将笔画赋形于自然物态，变化万端，大气淋漓。如此看来，二者的高下之别，可能与见识、胸襟和气度有关。同理，写作教学中，我们应着力培养和提升的也是学生的见识、胸襟以及气度，而不是一味追求精美。卫夫人传授给王羲之的笔法，超脱了书写本身，落在自然万物上。中学生的作文为什么越来越像“馆阁体”？也跟与自然隔离、与社会脱节、与缺乏对人生的思考紧密相关。人们总喜欢将写作者能成为作家归结为“天赋”，却忽略了他们对自然、社会和人生的关注。

《文心雕龙·原道》中有言：“文之为德也大矣，与天地并生者，何哉？夫玄黄色杂，方圆体分，日月叠璧，以垂丽天之象；山川焕绮，以铺理地之形：此盖道之文也。仰观吐曜，俯察含章，高卑定位，故两仪既生矣。惟人参之，性灵所钟，是谓三才；为五行之秀，实天地之心。心生而言立，言立而文明，自然之道也。”作家毕飞宇在《苏北少年“唐吉诃德”》中也说：“如果你的启蒙老师是大自然，你的一生都将幸运。”

这句话道出了他成为一个优秀写作者的秘密：自然会像教师一样教会你很多。鲁迅的文章不只如匕首、投枪，也有充满自然气息的乡土味儿。《从百草园到三味书屋》《故乡》是满眼的自然以及童心得以释放的自由、畅快，当然，还有失去自然生活的忧虑和怅惘。其实，鲁迅先生对自然的观察、体悟又何止这两篇？散文诗集《野草》、小说集《呐喊》等，都有精彩的“自然显现”，它们有的是象征，有的是哲思，有的是情绪……往往亲切而又发人深思。细究开去，徐志摩、沈从文、林语堂、丰子恺、萧红、汪曾祺、许地山、孙犁……哪一位作家不是出入于自然的“行者”？再想一想，雨果、狄更斯、毛姆、加缪、海明威、梭罗……哪一位作家不是将自然凝结为文字的“行家”？写自然其实是在品味自然。与自然沟通，是一种交流，更是一种尊重。自古以来，很少有不关注自然的高级写作者——作家。

写作与自然、社会、人生的关系是天然的，是勾股定理一般的“公然存在”。但是，近些年来，学生的课业负担越来越重，庞大的教育体制将他们固定在课桌上，使他们在本应最有时间玩耍的年龄却没有时间玩耍。从这个角度来说，追求完美是学生无奈和下意识的选择，除此而外，他们没有磅礴的资本和大气的条件。加缪喜欢将自己置于“阳光与阴影之间”写作，不让阴影吞噬希望。作为一名普通的教师，我们能做的只是于坚守中创造。教师要有佛心，先入应试苦海探得其津，再带领学生昂然渡过，将更多的时间还给学生，让他们有机会和自然、社会亲密接触。学生见识了大格局，才不会只求小局部；学生有了云蒸霞蔚的“大气象”，才不会一味雕琢细节而落入繁花似锦的“小蒸腾”。

追求精美本无可厚非，但以此为终极追求，且足不出户，思不离庐，势必陷入将写作等同于好词好句的误区，断气、断魂也就在所难免。世人皆知诗人余光中是个极致的完美主义者，可又有多少人知道，他看夕阳常要看到黯然神伤才归去？又有谁知道，为了把握夕阳西下时的变化，他驱车追逐夕阳的故事？

细节里有生命的光辉

有学生问："我的作文为什么总是'清汤寡水'，一点味道也没有？"

这是一个懂得寻找问题，且敢于直面自身不足的学生。其实，有类似问题的学生绝非个例，观察这些学生的行为习惯并仔细研读其作文，我发现他们的作文有一个惊人的共性：缺乏必要的细节。细节是作文的生命来源，也是作文的生命力的体现。记叙少了细节会不生动，议论少了对细节的关注会空泛。然而，生活里从来就不缺少细节，它们是组成生活以及人生的片段，当我们睁开双眼捕捉这些细节时，便会发现处处闪耀着生命的光辉。

还有两个多月就要高考了，一位一直忙于美术考试的学生找到我，说痛苦于作文总是在及格分上下，原因和文首的学生一致。我和他聊天得知，在北京的几个月里，他一直租住在一个人员混杂的大杂院里，那里以艺考生、进城务工人员为主。我意识到这是一个难得的教学契机，复杂的居住环境和人际交往一定会在他的内心深处留下一些特别的印记。接下来，我们以"聊天"的方式谈作文，以"谈心"的方式聊他在北京的生活。他的几点发现令人动容并深思：

父子农民工：父亲想挣钱回家盖房子，儿子想留在北京，过城里人的生活，包括娶妻生子。农民工"一代"与"二代"的思想观念迥异，时有冲突。

送水小伙子在工作期间不敢喝水。扛水是力气活，出汗多容易口渴，但他们不敢多喝水。在高楼林立的大城市，如厕多有不便。即便是善良的客户，也顶多只会对着满头大汗的他们说声“谢谢”，而让他们借用洗手间则未必情愿。

送快递的小哥常被迫与客户“躲猫猫”。他们经受风吹日晒，为能多派送快递而“拼命”。最令他们难受的是常常遭遇不信任的目光：摔坏了没有？是否有不良企图？这让他们的自尊心深受伤害。最可气的是，许多客户故意不留详细地址，快递小哥主动打电话给他们要准确地址，也常被拒绝。

他们也“干坏事”。快递员会配合公司“刷空单”，为商家赚取所谓的“售出量”。心烦了，也会在接货时扔快递。“送水的”遭了白眼，有时会在下楼时故意踢翻小区的花盆，或者返回来对着客户家的“猫眼”做一个鬼脸，甚至用签单笔在门旁的白墙上画一个令人生疑的符号。

他们永远在路上，穿梭在灯红酒绿、五光十色中。他们闯红灯，抄近道，他们总是风风火火，被人需要却不被人喜欢。他们渴望没有汽车呼啸而过的声音，期待能得一夕安宁。他们“热”在脸上、身上，却“冷”在心里。

聊着，聊着，他眉飞色舞、有声有色起来。“你创作三幅画吧，一幅画送水工，一幅画快递员，一幅画老爷子泥瓦匠。把你感受到的都画出来，给它们取名字，再给每个人写一篇小传。”我趁机吩咐道。写作变成了游戏，而这游戏的赢家一定是他自己，因为这既是他擅长的，也是他熟悉的，更是他无法忘怀的。

接下来，他变换着主题写他们的事：父子矛盾背后的文化冲突以及城乡隔阂，勤劳致富传统观念面临的挑战，城市边缘人的心灵关怀的缺失，人与人之间的互信出现的大面积裂缝，尊严变为一种奢望的危机……那年的高考作文题是“忧与爱”，他写得很顺畅，虽然由于语言表达等不足，未能获得十分突出的成绩，但和平时相比还是有了大幅度提升。

有人说，这只是一个特例，他正好会画画，骨子里就有观察的意识和能力。这种观点貌似有一定道理，却忽略了一个基本事实：他的观察本领并非与生俱来的，而是后天慢慢培养并逐渐形成的。教师也并非无可作为，从小学阶段开始就可以带领学生融入大自然，走进社会现场观察，形成观察的意识和基本方法。在高中阶段，教师不必也不大可能如小学一样带领学生进行“田野观察”，我们要做的往往只是“激活与分享”。

随文布点的细节写作活动。语文教材及阅读资料中常有许多细节精彩的文段，教师可以适时引导学生进行相关联系，结合文本对自己的观察进行回顾、整理、表达。杨绛的《老王》一文中有关老王生病状态的描写非常准确，震撼人心，教师可引导学生关注生活中的病人，并对其进行描写。

相机生成的即兴活动。此类活动多因特定情境而生发，具有生动、灵活的特点。久旱之后下了一场雨，教师可以让学生将目光转向窗外，观察雨以及雨中的树木等；升旗仪式上，演讲的学生讲错了话，教师可以引导学生回想一下同学们的表现；走廊上保洁员阿姨摔倒了，教师可以让学生回忆一下在场者的反应……这些都是贴近学生生活的观察活动。

特别设计的专题观察活动。比如，由一个“爱”字，你想到了哪些细节？这是主题式细节描写活动课，教师可以帮助学生更细致入微地感悟相关核心词的内在意蕴。人的记忆是有区别的，一般说来，越近的人和事（包括细节）记忆会越清晰，我们可以设计“× 日，这一天”的细节回想活动。

…………

活动本身并不是目的，目的是让学生通过课堂活动获得对社会、人生、生活、生命的进一步认识，并激发主动观察、思考的意识。路边卖馒头的阿婆为什么不如有固定门面的阿婆的生意好？阿婆为什么守着祖传的手艺却不开店？鞋匠为什么总是喜欢换鞋底？鞋匠不便宜的收费为什么没有阻止人们前去修鞋的热情？撑船的师傅主动弯腰避过游客相机的镜头，是修养的体现还是因为曾经受过伤？路边小工常坐地起价，是生活所迫还是道德缺失？什么才是好的劳动者？……

生活本就酸、甜、苦、辣、咸，文章也应滋味饱满，而这又离不开细节。有细节的文章，才会闪耀生命的光辉。

汪曾祺先生在《惊人与平淡》一文中说：“四川菜里的‘开水白菜’，汤清可以注砚，但是并不真是开水煮的白菜，用的是鸡汤。”非独写作语言如此，文章内容亦复如是。生活中的细节就是让作文变得有滋味、有营养的“鸡汤”，它融入了生命，闪烁着生命的光辉。

辑五

你的面前应是一片森林

你的面前应是一片森林

多年前，我看到过一张罗布泊的图片，裸露枯死的树木在沙漠背景中显得格外刺眼。人类向大自然伸出了黑手，终于获得了死一般的回报。地下水被过度抽取，生命的源泉逐渐干涸，令人绝望的惨状也随之而来，在昔日丝绸之路的要道上，再也听不到往来客商的言语，悠扬的驼铃声也被沙埋雪藏。一切繁华的印记，只有从衰颓于天地间的枯树身上找寻。是的，过去这里曾是一片森林。

这张图片常勾起我的联想：关于语文阅读，多年来，我们一直在做“一棵树”的工作，天南海北到处“种树”，东奔西突汗如雨下。当教完无数篇文章，自得之气溢于言表时，我们却发现面前并没有想要的郁郁葱葱，而是似罗布泊枯木一样的死寂。如果学生眼里只有单篇文章，没有由此及彼的蔓生阅读，没有形成阅读的经验，阅读教学就注定是一场徒劳之举。相反，当学生有了由“个”到“群”乃至于“类”的意识和能力时，他们的面前将是一片森林。

经验的形成固然离不开一定数量的阅读，“不要迷信创新，要相信汗水”，在全国上下倡导创新的今天，我们的阅读教学其实没有捷径可走，唯有“读起来”才是硬道理。中国学生的阅读量与世界发达国家相比，差距还很大，这是必须正视的现实。前几年，教育部规定，九年义务教育阶段，学生的阅读总量应在 400 万字以上，其中小学生 145 万字，初中生 260 万字。高中生在课外须阅读 5 部以上文学名著及其他读物，阅读总量不少于150万字。随着新一轮课程改革的到来，这一组数字必然会被大幅突破。将学生带入阅读的世界，教师责无旁贷，且必须有所作为。

形成阅读经验需要一种重要的能力，即联想的能力。联想是思维的一种，因由此及彼而变得宽厚，因突破时空而显得博大。当然，阅读联想能力的形成离不开单篇阅读所形成的感悟。只有曾经深入骨髓，才能如镌如刻，令人难忘。杨绛的《老王》是大家熟知的文章，初中生能读，高中生可读，大学生还可读，它的精妙之处在于无论何种文化程度、人生阅历的人都会读出自己的滋味。然而若只是就文论文，显然难以领悟《老王》的深度和广度。我们可以在学生阅读的基础上，引导大家进行"相关联想"。哪些作品中有和老王一样的底层人？想起鲁迅的《一件小事》了吗？想起张中行的《汪大娘》了吗？想起老舍的《骆驼祥子》了吗？想起契诃夫的《苦恼》了吗？如果只能想到这些，还不够，因为这些都是教材或读本里的。你的课外阅读中有"老王们"吗？你想到的"老王们"与杨绛笔下的老王有区别吗？你更喜欢或尊敬谁？你最同情谁？底层的光辉是否如钻石一样可以永恒？联想，也可以反哺单篇阅读，让短文变得浩荡无垠、气象万千。

以上是基于单篇的发散式联想，因为追问，原本发散的思维也可以显现出清晰的逻辑线条。从单篇到多个单篇，容易碰撞出思想的火花；由整本书到多个单篇，则可以燎原一片。整本书，特别是经典的能量，一般要远超单篇，它可能是巨大的火山，能让周边的"火种"热烈燃烧。加缪的《局外人》便是这样一部作品，它以局外人的口吻叙述着局内人的故事，生活虽然是"我"的，却又似乎与"我"无关。生活离奇、荒诞，却又直逼生活的本质。这样的小说具有神奇的魔力，可以像磁铁一样聚拢无数的作品。肖洛霍夫的《一个人的遭遇》中的主人公索科洛夫，在战乱之中、之后努力生活，却敌不过命运的捉弄，先后失去了妻女、儿子以及工作。与《局外人》的主人公默尔索相比，索科洛夫活得更积极、有韧性，一个是冷静的痛苦，一个是涌动的悲怆。除此而外，它还能自然地让我们想起《老王》《品质》《最后一片常春藤叶》《洗澡》《活着》《推拿》《人生》《许三观卖血记》《月亮和六便士》等作品。

写作也是深入作品内部、形成阅读经验的另一重要途径。作家余华曾说，他像是一个营养不良的孩子保持了对阅读的饥渴，可以说是用喝的方式在阅读经典作品。当他写作读书随笔时，又进行了经典重读，他感到自己开始用品尝的方式去阅读了，并发现品尝比喝更加惬意。从“喝”到“品尝”，余华经历了由“个”到“群”到“类”的过程。既有突破单篇，集中对如布尔加科夫、博尔赫斯、契诃夫、山鲁佐德、三岛由纪夫、卡夫卡、福克纳、鲁尔福等作家作品的向内探索，又有《温暖和百感交集的旅程》一文所展现的二十年阅读的蔚然气象。他说：“我对那些伟大作品的每一次阅读，都会被它们带走。我就像是一个胆怯的孩子，小心翼翼地抓住它们的衣角，模仿着它们的步伐，在时间的长河里缓缓走去，那是温暖和百感交集的旅程。它们将我带走，然后又让我独自一人回去。当我回来之后，才知道它们已经永远和我在一起了。”可以说，一个又一个作家，一篇又一篇小说，排着队从他心头走过，而他的内心已经云蒸霞蔚。写作是一种再认识、再创造，是读者的人生和书本碰撞而产生的火花。我们必须培养学生写作读书点评、随笔或论文的习惯，引导他们咀嚼自己阅读的文字。

鲁迅在给颜黎民的信中说：“只看一个人的著作，结果是不大好的：你就得不到多方面的优点。必须如蜜蜂一样，采过许多花，这才能酿出蜜来，倘若叮在一处，所得就非常有限，枯燥了。”教师不应只是一个狭隘的“点式”教书匠，还要有“面”的意识。果真如此，我们给学生带来的绝不只是一棵树，还有一片森林。

教师应是一位“点火者”

教师在课堂教学中究竟应扮演怎样的角色？

想起爱尔兰诗人威廉·巴特勒·叶芝的名言：“教育不是注满一桶水，而是点燃一把火。”借用这句话，可以说教师就应该是一个“点火者”。“点火”，正如发射火箭一样，看上去只是一个动作，却离不开时间的历练与智慧的积淀。

教室是一座飞翔的宫殿，里面生活着多姿多彩的一群人，教师不能用静止的眼光去审视这些活泼的生命。课堂上，有些“火种”是一望而知的，因为它已经因积蓄了能量而发热甚至火红；有些“火种”是潜藏于地下的，表面上看似凉热而与世相同；有些“火种”是稍纵即逝的，它只存在于特定的时间和空间；有些“火种”是面目模糊的，“雾里看花”的结果往往只能是“花非花”……每个人都有属于自己的内在能量，教师必须拥有一双发现“火种”的眼睛。什么才是真正的“火种”？好奇心、理性思维、想象力等，对学生生长有利的，便可视为“火种”，因为生长才是教育最本质的目的。从这个角度来看，“火种”还有一个和多个、普遍和个性、长远和暂时、有利和有害之分，更不能被“一刀切”了。面对喷薄着生命气息的学生，有时我们需要的不只是经验，更是透过表层看到内核的智慧。

“火种”是脆弱的存在，没有精心的呵护和引导，往往会长时间或永久地熄灭，保护“火种”是每一位教师的责任。长期以来，我们主观地以为只要有了保护的意识，便一定能够保护。其实，“保护”也需要一定的知识和能力作为基础。“好”“很好”“相当好”之类的赞美词，并不能包打天下，有时甚至有百害而无一利。譬如，有学生质疑“鹬蚌相争”，认为鹬的嘴被蚌夹住了，鹬和蚌皆不能言，否则就无法“争”了。《伊索寓言》中的乌鸦，不就是被狐狸骗得张嘴说话，弄掉了嘴里的肉的吗？“鹬蚌相争”出自《战国策》，是辩士苏代用来劝赵王停止伐燕的说辞，本质上是文学性较强的寓言，与写实的文字有很大的差异。然而，如果教师直接告知学生相关知识，还不算是一个称职的“火种”保护者，因为你或许会为了告知学生正确的答案，而扼杀了他们“质疑”的兴趣。杰罗姆·布鲁纳说：“我们教一门科目，并不是希望学生成为该科目的一个小型图书馆，而是要他们参与获得知识的过程。”我们可以列举一系列寓言，引导学生发现其特点，并讲清楚故事形成的背景。或者，设计成资料检索、发现探究的学习任务，让学生在获得正确认知的过程中，体会到质疑的真正乐趣，从而意识到“质疑是需要理性的”。与其破坏，不如保护，要保护就必须持有理性。

教育是慢的艺术，我们不能看见“火种”便去点，以为一切火花都可燎原。为了让“火种”最终燃烧成为学生自己的太阳，我们必须想办法增加“燃烧值”。怎样才能获得高的“燃烧值”？莎士比亚说：“书籍是全世界的营养品。生活里没有书籍，就好像没有阳光；智慧里没有书籍，就好像鸟儿没有翅膀。”对学生而言，阅读是充实生命的最佳途径。教师要在课堂上教会学生阅读，特别是教会学生自主阅读。单篇精读、联系比读、群文对读、整本书审读，计划制订、方法引领、疑难疏导、习惯养成，每个环节都离不开教师的悉心指导。正如每个人的内在“火种”并不相同一样，阅读说到底是一件极度个人化的事，我们鼓励阅读的博、杂，不主张阅读的整齐划一。令人唏嘘的是，自古以来我们并不缺少读书名言和励志故事，时下也不缺少读书节、读书比赛、阅读工程，乃至上升到国家层面的阅读“战略”，可学生的阅读情况还是不容乐观。除了时间难以保证之外，主要问题还是出在教师身上，一个不读书的人在教读书，只能是大声地号召或者空洞地说教，其结果比不说还要糟糕。想让学生的内心世界激荡起阅读的欲望，教师必须首先是一粒读书的种子。

“火种”，有时并非固有或者自然的存在，教师要做一个“盗火者”，将“火种”带给学生。我们必须像农夫熟悉庄稼一样了解自己的学生：此时他最缺少什么？今后他会需要什么？这样的问题应时常出现在我们的脑海。我曾遇到一个“好好先生”，他对一切阅读到的文字都说“好”。怎样才能让他产生批判阅读的意识呢？智慧的前辈教师教给我一个方法：教师改写鲁迅的杂文《论“他妈的”》，依次让学生阅读“观点错误型”“逻辑混乱型”“思路不清型”的改写文章，最后再出示鲁迅的原文。“好好先生”在比较阅读中体会到作品其实是有高下和优劣之分的，用他自己的话来说，就是“此次阅读于我而言，无异于当头一棒”。在此后的课堂中，他便不再逢文便说好了。

课堂教学中，“点火”不是一件可以随意而为的事，它和教学内容、学习状态、兴趣爱好、认知程度等紧密相关。“点火”，有时会受到道德、伦理的约束。如果一个学生长于描写隐秘的私人情感，而你不顾他情愿与否，便拿他的文章供同学欣赏，这就是“蓄意伤人”。教师眼中要有学生，自己认为有趣，便想当然地认为学生一定会感兴趣，于是便“点火”，这是“玩火”，结果可能是“自焚”，甚至“焚他”。教学中，我们见得最多的是不明就里者和不得要领者，他们“一边煽风，一边放火”，甚至“一面泼油，一面放火”，忙得不亦乐乎。这些行为是“纵火”，结果常常是满目疮痍、寸草不生。

“点火”，必须适时。课堂教学面对的是全体学生，是课程框架下的教学，最常见的“点火”便是靠船下篙、因文布点了。譬如，苏教版高中语文教材中杨绛的《老王》一文，课程目标是“领悟底层人性的光辉”。学生初中时已学过这篇文章，教师怎样才能更好地启发学生进入文本内部？文中有一段耐人寻味的话：“他一手拿着布，一手攥着钱，滞笨地转过身子。我忙去给他开了门，站在楼梯口，看他直着脚一级一级下楼去……我不能想象他是怎么回家的。”我们可以抓住“不能想象”四个字适时地布置学习任务：“请联系文章内容，合情合理地想象老王回家的场景。”想象，是学生最感兴趣的，然而，高中阶段的想象已不同于小学、初中阶段的想象。“联系文章内容”和“合情合理”，意味着学生的想象必须贴近文本、老王其人和作家杨绛，要在“情”和“理”上做推敲。又如，俄国阿斯塔菲耶夫的《女歌手》一文，在“活生生的这一个”专题中，如何体会“活生生的这一个”？学生最感兴趣的莫过于小盖尔卡看夕阳的文字了，仅仅细读这些文字似乎还不能很好地理解教学目标。为什么不再设计一节“是谁在看夕阳”的写作课，让学生模拟一个特定年龄、职业、文化程度、心境的人去看夕阳，从而点燃探索的欲望呢？在课堂上，“点火”的契机随时会出现，关键要看我们有没有捕捉的意识和能力。

“点火”，必须得法。“点火”，要贴近“火种”，靠近学生。如果离着十万八千丈，即便你引燃一座火山，也无法点燃学生心中的火焰。“点火”，要拿捏火把的大小，火头过小无法引火，过大反而会灼伤学生。“点火”，要懂得及时后撤，当学生的火焰燃烧起来时，我们没有必要继续挥舞火把，成为可笑的“舞伴”。教学孟子的《寡人之于国也》一文时，学生小彦觉得“五十者可以衣帛矣”“七十者可以食肉矣”和“七十者衣帛食肉”中的“五十”与“七十”与现代汉语中的意思不一致，孟子的意思可能是“百分之五十”和“百分之七十”，因为这样更具有“蓝图感”，也更能让梁惠王接受自己的主张。我意识到这是一次让学生认识古人数字表达习惯的机会，便组织全班讨论。不少学生赞同小彦的思考，部分学生有疑虑，但又说不出理由。此时，我没有直接抛出自己的观点，而是布置了一个学习任务：翻阅《孟子》全文，看看孟子自己的表达习惯；上网查阅古人表达数字的习惯。一周后，小彦写了一篇《是“七十岁”，还是“百分之七十”》的文章，他认识到，“《孟子》中大多数‘几十’的出现，是无争议的整体数词”“第六卷第二十二节中出现了‘所谓西伯善养老者，制其田里，教之树畜，导其妻子使养其老。五十非帛不暖，七十非肉不饱’，主体明确为老人，‘五十’‘七十’当作岁数解。另外，古人表达几分之几时，大数字在前，小数字在后”。最后，他动情地写道：“走出图书馆，阳光从枝叶缝隙间透过，轻拂我的面庞。我从未感受过这么温暖的阳光。尽管最初的猜想被自己否定了，但我还是在探究中体会到了思考的乐趣。”

“点火”，必须自然。教学不是一道道工序，而是一环环艺术，不能做到自然、贴切便难有真实的教育。“点火”，不能端着架子、高高在上，必须放低姿态，和学生“共谋”。“点火”，应当点到为止，不必添油加“蜡”，更不必将自己放进去营造“熊熊”“烈烈”的假象。“点火”，要着眼于未来，不必急于“燎原”。一个学生拿着作文来找我：“在过去的两年中，您在评语中八次说我的作文‘语言苍白’，高三了，我还是不知道该怎么办。”什么是“语言苍白”？“不苍白的语言”是怎样的？怎样才能“不苍白”呢？这么长时间了，我竟然没有给他贴切的指导！后来，我和这位同学约定一起研究、改善他的作文语言：找到表达的习惯，认清表达的问题，发现语言的优势，明确努力的方向……在这一年中，我们意识到，“语言苍白”的原因有很多，词汇量不够，句式单一，动词、形容词使用不到位，知识储备不足等都是重要因素。作家毛姆为了提升写作的语言水平，最终“决定教自己写作”。学生有了提升作文语言水平的渴望，并在研究中发现了问题的所在，我要做的只是参与、纠偏、鼓励、欣赏，而不是出示所谓范文，逼着他写煽情的句子或者空洞的比喻句。

美国人卡尔·罗杰斯说：“我发现当我不把自己看成教师的时候，我的课堂就真正成为一个激动人心的学习场所。”在踢翻了火盆还要盖上雪的当下，教师只有将自己当成真正的“点火者”，才能看到更多的光明和希望。

由“字库塔”想到的

学生在演讲中提到“字库塔”，作为语文老师，我喜不自禁。

“字库塔”为何物？就是过去文人用来焚烧字纸的塔。在很多人眼里，它看上去是“多此一举”，字纸的处理方法何止百种？擦桌子、烧火炉，是废物再利用；掩埋、沤肥，是能源转化……古人为什么还要建造一座座“字库塔”呢？

然而，我们可以想象这样一个场景：一位儒雅的书生正整理着书房的字纸，以手掌抚平纸张，用手指拉直每一个边角，将不小心弄脏的字纸放到水里清洗再晾干……手捧着叠得方方正正的字纸走向“字库塔”。投炉，焚烧，收集灰烬，倒入江河，目送，夕阳拉长了他的身影。在这一系列充满温度的细节动作中，我们看到的是一个读书人对文字以及圣贤心迹的敬畏，读到的是千百年来中国书生的精神缩影。

相较于古人处理字纸的“隆重”，今天的人们则显得“轻薄”了许多。写过字的纸张被揉成一团，扔进秽物混杂的垃圾桶；旧书籍被随意丢弃，蒙尘含垢，比比皆是。随着国家对教育投入的逐步加大，很多学校的校舍焕然一新，教学设备更是鸟枪换炮，然而，我却不敢看学生的课桌抽屉和班级的书橱。

一所学校以课外阅读闻名，我慕名前往参观学习。“书香校园”的横幅在晨曦中闪着金光，各种字体的读书名言镌刻在亭柱、墙壁、走廊、楼梯上，宣传橱窗里陈列着学生的读书作品，学校里的读书氛围异常浓郁。听了一堂阅读课后，我随手打开班级书柜，刹那间，我惊呆了！一股恶臭从书橱里喷涌而出，褶皱破烂的过期报纸、残破的羽毛球、胶皮剥落的乒乓球拍、汗渍斑斑的运动服赫然闯入眼帘。在这缝隙里，我隐约中看到了《诗经》《论语》《红楼梦》《巴黎圣母院》《战争与和平》等名著颓废破败的身影。眼明手快的校领导迅速关上橱门，低声对我说："这群孩子读书还是挺好的，就是卫生习惯差一点儿。"然而，这难道只是卫生习惯的问题吗？一群不能敬畏文字的人，又怎能成为真正的读书人？如果我们只关心学生读不读书，却不能在他们的内心埋下爱书、敬文的种子，这样的阅读想必不能在他们内心生根、发芽、生长，遑论让他们创作出直抵灵魂、洞见未来的文字了。

我不赞成繁文缛节，但也不反对必要的仪式。今天，我们为了提倡师生平等，往往忽略了必要的师生礼仪。这几年，学生殴打教师的惨剧时有发生，恐怕和相关礼仪的消失有关。家长和学生为了更换任课教师而不择手段的现象也屡见不鲜，有在学校大门口拉横幅示威的，有纠集家长添油加醋告黑状的，有揪住校长的脖领直接威胁的……污浊的社会习气正冲击着礼仪教化的核心场所。

朋友向我诉苦，他在班级提倡经典阅读，家长们却认为经典与高考无关，便在微信群里集体声讨他。一个家长带头拟了一份"声讨书"，列举了某些学校的学生只读《读者》便得高分的"成功案例"，意图阻止他在班上推广经典阅读。令朋友不能忍受的是，家长还故意将一些小事拔高、放大，极大地伤害了他的自尊，并侮辱了他的人格。教育本是春风化雨，是文化和思想的浸润，学生、家长和教师本是君子之交，一旦成了"风霜刀剑严相逼"的主仆或敌对关系，礼仪之邦无礼仪的日子也许就不远了。有些人容易走极端，常常做"将孩子和洗澡水一起倒掉"的蠢事。况且，家长有诉求自然可以和教师商讨，但不能演变成无理取闹。所谓言传身教，一些家长的丑陋表演伤害的又岂止是教师？更有他们的子女。如果家长汲汲于眼前的微末之利，食"腐肉"而洋洋自得，对着文化、文明露出阴森的獠牙，那么又如何指望子女们能“幸福的度日，合理的做人”？

康熙皇帝曾训示：“字乃天地间之至宝……以天地间之至宝而不惜之，糊窗粘壁，裹物衬衣，甚至委弃沟渠，不知禁戒，岂不可叹！故凡读书者一见字纸必当收而归之篋笥，异日投诸水火，使人不得作践可也。”而《惜字律》也被看作是文昌帝君制定的天条圣律广泛流传、传承。事实上，这些由上而下的“律条”，对整个中国文字和文化的发展，特别是敬畏之心的塑造，的确起到过一定的推动作用。汪曾祺写过一篇《收字纸的老人》，其中的一段话给我留下了深刻的印象：“中国人对于字有一种特殊的崇拜心理，认为字是神圣的。有字的纸是不能随便抛掷的……因此，家家都有一个字纸篓。这是一个小、宽肩的篓子，竹篾为胎，外糊白纸，正面竖贴着一条二寸来宽的红纸，写着四个正楷的黑字：‘敬惜字纸’……隔十天半月，字纸篓快满了，就由收字纸的收去。”

在全国上下热火朝天地建设文化校园的今天，我们为什么不能制定一些旨在培养学生敬畏之心的规则呢？为什么不能设计一些类似于“字库塔”的场所呢？我曾在《中国国家地理杂志》上读到《字库：书写在塔上的文字信仰》一文，据统计，盐亭县是全国“字库塔”最多的地方，仅有图文记载的“字库塔”就达27座。当“盐亭”这个地名映入眼帘时，一连串的名字便浮现在我的眼前：李白的老师赵蕤、宋代书画巨匠文同、《鹃声集》的著者陈书、禅宗大师袁焕仙、现代杰出历史学家蒙文通……“钱学森之问”曾刺痛过许多中国人，然而，比“为什么我们的学校总是培养不出杰出人才”更紧迫的可能还有“如何在校园重塑敬畏之心”。

行文至此，我想起了几年前的毕业生小王，他的课桌、书包、笔记本总是整整齐齐的。他喜欢用书签标记读书的页码，我几乎没有看到过他折叠书页；他阅读时神情专注，从不在读书时吃零食；他做读书笔记时坐姿端正，摘录书写一丝不苟。高三学习的压力并没有扰乱他的阅读计划，他仍每天坚持阅读两个小时，且笔耕不辍。他说：“我不想过一种‘只见作业不见人’的生活，即使将来成了乞丐，我也要一手拎着袋子，一手拿着书！”毕业典礼上，我把这个故事分享给了全年级学生，全场响起了持久而热烈的掌声。

此时，我越加怀念小王了。

好玩的“舞动博士”

近年来，中学教师的学历水涨船高，硕士、博士到中学求职已经不算什么新鲜事，就其数量而言，大有超越学士的趋势。作为一名落伍的学士，我常好奇地向硕士和博士请教一个问题：“读硕士、博士期间最刻骨铭心的事是什么?”答案惊人地统一：“论文答辩也。”有人说，论文答辩就是审讯过堂，“大人”在堂上端坐，“我”在堂下“受刑”，除了没有被严刑拷打，其他一应俱全。甚至有人患上了“答辩综合征”，因为紧张过度，临场时竟然变得口吃，或语无伦次，甚至忍不住要如厕。为此，有些人才学虽好，却要“二进宫”，甚至“三进宫”。

勤奋学习就是为了在“审讯”时能更从容一些，这样的学习怎能给人快乐？电视上的一则新闻让我大开眼界，没料到博士的研究成果还可以这样呈现：“你读博士研究的是什么？请关掉你的 PPT 文稿，收起你的会议展板。希望你可以用最精练的方式总结你的研究，那就是跳舞。”一开始，我还以为这是某个不入流的组织玩的噱头，细看新闻才得知，主办方竟然是享誉全世界的《科学》杂志，2015 年他们举办了第八届全球科学舞会。视频中的参赛者们穷尽一切办法，用舞蹈展现着自己的研究成果，爵士、西皮、小丑……一个个玩得兴味盎然。“科学”研究的成果用“跳舞”的形式来表达，他们的创意的确独特！

看完新闻，我不禁反思：学习本来就是一件好玩的事，我们究竟是怎样让它变得如同“受刑”一般痛苦的呢？

清楚地记得，在高考录取率低下的二十世纪九十年代初，我们的学习并没有今天的学生那么“专注”，很多同学有着各种稀奇古怪的兴趣爱好。有人每天放学后坚持下棋，捉对厮杀不算奇特，有人竟然能自己跟自己下棋；有人随身携带刻刀，见到路边平整的青砖就忍不住捡起来，然后找个僻静的地方雕刻起来；有人就是“疯子”，不管是烈日当头，还是刮风下雨，都会可劲儿地踢足球；有人下了晚自习就去操场的角落“练功”，噼里啪啦，有模有样；有人每天早上跑到运河边，面朝地平线，对着哗哗的流水，“do、re、mi……do、re、mi……”吊嗓子；有人偷偷养了一只肥猫，一日三餐几乎没有让它挨饿，可怜的是他自己经常饿得肚子咕咕叫……最有意思的是朱同学，他个子小，骨瘦如柴，但他疯狂地迷恋武侠小说，说话有江湖气，走路有武侠味儿。有一天他竟然宣布要完成一部“伟大的武侠小说”，而且他觉得武侠小说必须用毛笔写，否则没有“古气”。可是他买不起宣纸，怎么办呢？他的亲戚家有一大堆抵工资得来的草纸。于是，他每日写几张，鸡爪一样的文字塞满草纸的沟沟壑壑。闲暇之余，他便拿来“孤芳自赏”，有时还高声朗读。我被他“一蹦三丈高”的热情和“出手如电”的写作速度惊呆了，虽然他的作品至今也没发表，但他那自信、快乐的模样，至今还在我的眼前飘荡。

今天的学生，也有下棋、练乐器、学书画的，但大多是为了考级；也有挖空心思去写作的，但往往是为了竞赛获奖；也有踢足球、打网球的，但一般是为了成为特长生。当然，他们共同的目标就是“混名校”。小学、初中、高中、大学，一路“混”过来，还能保证“有趣味”吗？有一年我当班主任，发现全班竟然有七个学生拥有钢琴十级的证书，我原以为在学校的合唱节中我们班定会大放异彩，因为学生可以自己伴奏！可尴尬的是，没有一个学生能正确、完整地弹一首《军港之夜》。原来，除了考级书上的曲子，他们一概不会。应试已经赤裸裸地渗透到学生兴趣爱好的每一个角落，“兴趣爱好”四个字只是招生考试时用来糊弄考官的说辞罢了。还有什么比牺牲了兴趣爱好更可怕的？还有什么比无处不在的牺牲更恐怖的？过去还只是文化知识应试，如今竟发展到拿兴趣爱好来应试的地步，怎能不令人心痛？

说实话，现在的学生真的很辛苦，他们的生活铁板一块，透不进一点儿风，照不进一丝阳光。他们在青春岁月走向了苍老，在诗意年华变得暮气沉沉。自被贴上“学生”的标签后，他们便只能“做学生该做的事”——学习，他们在心无旁骛中坚定地踏上了走火入魔的道路。“学习至上”的危害是消灭兴趣，更大的危害是“以爱的名义”主动寻找并消灭一切兴趣。每逢高三，我便会遇到一些卷面书写很糟糕的学生，别以为他们的书写能力真的很差，其实当中有些学生获得“书法十级”的证书。我曾好奇地问过一位“书法十级”：“小时候写得那么好，为什么如今写的字却很糟糕？”他的回答耐人寻味——“小时候练狠了，自从过了十级，再也没有认真写过字”。练一个砸一个，学一个坏一个，这就不难理解为什么很多学生读小学、初中时学业成绩优秀，读高中后就直线下滑了，是因为他们原先“学狠了”。

许多名家在回忆录里告诉我们，某某学科“好玩”，因为“玩”才有了他们今天的成就。每当我将这些例子讲给学生听时，总有一些学生说：“学习怎能玩呢？我们是要考大学的，不上好的大学怎么对得起父母！”学习本来是每个人自我发展的需求，首先应是自己的事，现在却被道德绑架，上升到“孝”与“不孝”的地步。这样一来，学习起来就变得累了，因为这压根就不是自己的事儿！不是自己的事儿，还要悬梁刺股、赌咒发誓，甚至忍辱负重，这又如何让人轻松、快乐得起来？常听家长这样训孩子：“爹娘起早贪黑地工作，不就是为了你能有个好的前途，你现在上课竟然走神，怎么对得起我们！”数落完还不忘掉几滴眼泪。这时一般学生都不免“黯然神伤”，然后沉闷地“乖巧”许多日。十年前，我热衷于和学生一起写诗，班上有十来个写得不错的，于是我就有了组建一个诗社的想法。然而，启事贴在班上，一周过去了，只有一个学生报名。有人跟我说：“我写诗只限于在课堂上，而且也不打算写到高三，高考作文明确规定‘文体不限，诗歌除外’。我要对得起父母无微不至的关怀和全心全意的付出，我玩不起！”她说得很动情，泪水在眼眶里打转。

社会、家长、学生“玩不起”，学校、教师也就“不敢玩”了。今天，我们再也见不到梁实秋笔下徐老虎那样有意思的教师了。你敢用大红杠子“抹”学生的作文吗？你敢挂着鼻涕、“吸溜”着去上课吗？你敢自编教学材料吗？你敢……吗？“徐老虎们”已经被关进“教学道德化”的牢笼里，虽有几个仍在做困兽之斗，但多数人中年之后便偃旗息鼓了。教师不敢“玩”了，学生就更端着架子学习了，久而久之，教师越来越“职业化”，越教越胆小，学生越学越拘谨、严肃。如此循环下去，最终便有了“钱学森之问”。

是不是所有学习、研究成果都要用“论文＋答辩”的形式去考查？毋庸讳言，这是学历扩张时代最可行、最保险的方法，却也是漏洞百出的方法。学习和实践分离，考查只在纸上呈现，不到实践中去检验，科研成果如何才能转化为生产力？朋友的孩子在国外读书，他们也有划船比赛，然而不只是刻苦训练就行了，孩子们还必须亲手造一条船。一帮孩子忙活了很长时间，设计图纸、买材料、造船……没想到，参加比赛时船却漏水了。但孩子们都玩得很开心，没有人觉得对不起父母的养育之恩、教师的栽培之情。在中国，学生不敢实践也许还有一个隐秘的原因，就是经不起实践或者害怕失败，也就是“玩不起”。学生“玩不起”，教师也“玩不起”，学校更“玩不起”。

当然，“舞动博士”仅仅是一场比赛，而不是正式的毕业答辩。我不知道《科学》杂志举办的“科学舞会”算不算“科学”，但肯定好玩。希望中国教育能变得好玩一些，让中国的学生也能真正玩起来！

海潮音还能不绝于耳吗

“如果一个人在四五十岁时去听海，还能听出故事，要么就是上辈子修了福，要么就是脑壳不好使。再好的诗人，再伟大的作家，他们心中的船在几十年的风吹雨打下，便再也不是一击便能随波逐流迸发出海潮音的泊舟了。”

这段文字并不是出自一个中年人之手，而是出自正值青春的学生小雨之手。我真心佩服她竟能突破时空，站在“过来人”的视角看问题。

“人到中年”的确压力大，且不说“上有老，下有小”，单就职业生涯的徘徊不前就足以令人失去前行的动力。这不是危言耸听，而是最接近于生活本质的悲剧事实。生活的质地是脆弱的，我们用尽一生精心呵护，到头来可能也只是碎了一地。

人生在世，没有多少人能洁白一生，这是由人的特性决定的。陀思妥耶夫斯基的《罪与罚》中有一句让人惊悚的话：“人这种卑鄙的东西，什么都会习惯的。”生活有时就像武侠小说中少林寺里的“木人巷”，每个人在下山前，必须到“木人巷”走一遭。很多人未能下山已是遍体鳞伤，然后孤老山林，只有少数武功高强、意志坚韧者能闯出“木人巷”，从此浪迹天涯，笑傲江湖。是什么让我们习惯了生活？正是那些神出鬼没、防不胜防的“木人”。如果看不出“木人”出现的规律，一味蛮干，就会被打得落花流水。怎样才能活着走向新生活，或者说在生活中活得游刃有余？看上去只有一条路：与生活达成尽人皆知却又不便明说的某种协议。

前不久网络上热炒一则小学教师“辞职”的新闻：王老师因为学生默写古诗不太理想，将学生的默写情况拍照发到了家长微信群里，希望家长了解孩子的学习情况并配合督促改正。有家长认为此举不妥，要求老师上门赔礼道歉，否则将告到教育局。王老师愤怒地写下了一封震撼人心的辞职信（其实是请假条），引起了网络江湖的一片躁动。

从这封“辞职信”和微信群里王老师的留言中，我们看到了王老师一人身兼数科教职的尴尬境遇，看到了写教案、批作业、出试卷和平均每天超过五节课的不堪重负的劳动现状，也看到了每月仅2067元工资的惨状！王老师在信中说：“我已心生魔障……我十分热爱我的工作……”从王老师的字迹、言语和描述的生活状态来看，我相信她是一位负责任的中国式好老师。即使这样，也无法确保一颗诚心不被灼伤。家长用对付流氓的方式对抗王老师有瑕疵的教学方式，王老师在现实的“木人巷”被打得深受内伤。不久，当地政府部门便推出了一份“情况说明”，表示王老师没有辞职，已经回到了课堂上，政府还派出了心理咨询医生。随即王老师的一份佐证政府说法的“公开信”也横空出世。一切都在预料之中，一面是离开课堂出走的自由，一面是还要养家糊口的现实，正如鲁迅所言，娜拉离家出走后，要么堕落，要么回家，王老师自然只能选择回来。

王老师的“回来”是对生活的妥协，也是对理想的让步。我不知道，在寂静的夜晚，人到中年的王老师会不会想起入职之前、之初的种种美梦。如果回味了，内心一定会泣血，甚至诅咒这该死的教育现状吧？作为同行，我由衷地祝福王老师，但愿她（他）还能守住教育的理想，依然热情如故。

我曾经读过一篇题为《是什么让我们成为空心人》的文章，作为一个中年人我自然容易被这样的标题吸引。然而令人失望的是，文章只是在谈怎么让作文内容充实，而不是探讨被抽成真空的“人心”。是的，我们的心是怎么变成真空的呢？我经历过二十世纪末相对从容的教育、二十一世纪初突然“加码”的教育，以及如今近乎疯狂的教育，新课改与应试教育的强烈对撞从来就没有从我二十年的教学生涯中消失。分裂，是我们这一代教师的现状，也是我们难以走出的精神困境。教着教着，连本质也被侵蚀、掏空，走上了与教育规律相去甚远的道路。教师最大的悲剧是亲手教出了一批连自己也不愿面对的空心学生。假如学生的空心是教师造成的，那么教师的空心又是谁导致的呢？是家长、社会，还有不完善的教育制度！

在横挑鼻子竖挑眼的家长面前，在越来越不懂得换位思考的学生面前，人到中年的教师能到哪里去？要么退缩不前，终老在教育的荒野；要么战死在“木人巷”，做默默无闻的“牺牲者”；要么“打出去”，即使体无完肤。

怎样才能“打出去”？路径不外乎两条：一是如同写出“世界那么大，我想去看看”的顾少强老师一样，辞职过一种自己向往的生活；一是放弃所有荣誉、职称，坚持一种合乎规律的教育。第一种人毕竟是少数，多数人骨子里有一种求安稳的天性，更何况中年人的家庭压力使得他们更需要一份稳定的收入。第二种人看上去有些悲壮，他们忍受着体制的煎熬，还要做着诗一样的梦。权衡两者，我更愿支持后者，因为前者是逃离，而后者是隐忍的战斗。

小雨在随笔中写道：“要是一个人在四五十岁时去听海，还能说海潮音像孩童的笑声，那么他是虚伪的。人到中年，进入一个写实的时代，浪漫滞留于本质。对中年人来说，海便是海，海潮音与拍击石头的声音，抑或是一浪翻一浪的声音，却真无区别。”

在小雨的笔下，中年人只能是现实主义的，任何浪漫的情怀都是虚伪的。这是一望而知的主观臆测。然而，是什么导致了她的误解？只能说在这个世界中活得直接、现实的人太多，或者她理想地认为诗性必须等同于绝对的纯粹：如果诗性的人只能是无色透明的，他就一定要绝对崇高，一丝贪欲、自私、骄傲都不允许存在。如是观之，即便是屈原、普希金、惠特曼，也算不得真诗人。诗性，对存活于人间的众生来说，只能是相对的，即便文天祥曾经沉湎于“声伎满前”的奢华，谁又能否认他“不指南方不肯休”的诗意？张伯苓为创办南开大学，常游走于各色政要、军阀之间筹集钱财，征求地皮，网罗师资。有学生认为军阀的钱不能要，甚至出言中伤他。张伯苓却说：“美丽的鲜花不妨是由粪水浇出来的，而我愿意做那个挑粪工。”我不知道该怎样评价这段往事，但张伯苓无疑是中国教育史上的“这一个”。

其实，我们的生活中一直不缺少为了理想而奋力奔突的人，他们的人生因为执着不屈而诗意盎然。有的人为了让城市中有一个温暖的读书场所，不惜耗尽家资开设免费书店；有的人将家作为传递爱的场所，举办公益讲座，义务辅导学生……中年人不只有现实，也有无法实现青春梦想后的第二次人生价值和意义的重建，而这重建有时便是新的浪漫的开始。

这样的浪漫又岂能为中年人所独有？即使是老年人，也能做好最浪漫的事。

不用寻寻觅觅，我们学校就有这样的诗人，教地理的孙宁生老师便是其中的一个。2011 年的某一天，也就是孙老师退休后的第二天，他独自一人自发前往云南山区支教。他给当地小学生上科技活动课，给中学生上地理课、阅读课。让人感佩的是，他初到云南曲靖茨营中学时便用自己的住房公积金，为学校修建了一座板房图书馆，并从全国各地募集图书、杂志数万册，而这些都需要孙老师一箱一箱倒几趟车运到校园里。有一年暑假，我们去云南探望孙老师，走在茨营镇的路上，每次碰到路人，他们在五十米开外便主动跟孙老师打招呼问好，孙老师都能报出他们的名字以及家中的情况！除了云南，孙老师支教的足迹还到达贵州。有一年，孙老师受田字格基金会的委托，在贵州山区支教一年并创办了一所小学。我曾问他准备支教几年，他说两年，身体好或许三年。如今，八年过去了，他还坚守在离家几千公里外的大山里！

诗意和浪漫与年龄无关。如果一颗童心不老，那么即便人到中年，甚至时至暮年，也是正值青春。这不是鸡汤励志，也不是冒用青春诗意，而是一个事实。

早晨读到一则新闻，我所敬仰的赣州四中刘爱平校长自杀了！我敬重他，不是因为他的学校高考升学率有多高，而是佩服于他从2010年4月以来，每天早晨在校门口大声朗诵国学经典，并长期打扫学校男厕所的壮举！很多人说他是疯子，不好好享受做校长的感觉，非要把自己折腾得“人不像人”。生活中的疯子和医院里的精神病患者最大的区别在于，疯子知道自己在做什么，病人则恍然不知。然而，人到中年的他却选择了结束生命！他在遗书中写道：“我爱教育，我爱赣州四中，我爱赣州四中的老师们，我爱赣州四中的孩子们。我愿意为师生付出全部的心血。可日益严重的抑郁症让我痛苦不堪，巨大的工作压力让我身心俱疲。我太累了，我想休息了。愧对组织二十多年的教育和培养，在天堂里我愿意继续做老师。”什么事让快乐的刘校长患上了严重的抑郁症？他的巨大的工作压力来自哪里？诗意的刘校长以直面死亡的勇气坠落了，对活着的我们最大的启示，莫过于勉励自己再坚强一些，毕竟只有活着才能看到希望。

只有“脑壳不好使”的中年人，才能在海潮音中听到故事？或许只有时间才能让小雨明白，是“人到中年万事休”，还是在饱经风霜之后活出另一番诗意，这些皆因人而异。

人到中年，海潮音还能不绝于耳吗？

只要没有绝望，一切就皆有可能。

生活里本该有诗

黄昏，小雨，咖啡，先锋书店。

我再次沉醉在这恬静美好的氛围中。

不用多说,“诗”，这个从血液里流淌出来的字，便自然地喷发出来。

生活在这个生动的世界，我们常为世事所累，硬是无法活泼地生活。生活里本该有诗，可我们却常常熟视无睹，或者根本没有去经营那份诗意，让天生的诗变得僵硬、模糊，以致褪色无痕。

漫步在先锋书店“文化大街”，我欣喜地看到有一方属于诗的殿堂。翻看着一部部诗集，如同触摸着一个个有温度的灵魂。忽然间，我觉得有些羞愧，对比这些诗意的文字，我的每一笔都显得幼稚、臃肿、不安、轻佻、丑陋。

语文教师的生活里，真的应该有诗。不是假装风雅，而是发于真诚。语文教师不只是语言的教师，还是人文的传播者。以心为文，以心授文，离开诗人般的心，将无文可寻。即便文在、意在，你也无法揭开它的神秘面纱。对语文教师而言，有一种距离最遥远：明明已经读过，却无法靠近作品及人物的生命。

诗的本质和生命只有一个字，便是“真”。而“真”又是一切文学的普遍追求。拥有诗人般的至高之真，便可以与其他文学坦诚沟通了。毛姆的《月亮和六便士》是一部很多人都看不懂的作品，极端者将“人渣中的人渣”的桂冠扣在了思特里克兰德的头上，温和者以“一个有自私追求的人渣”定义他。口水再温柔，究竟还是口水，思特里克兰德就这样被口水包围着。当我们张开嘴的时候，其实已经失去了评价他的生活以及追求的资格，因为作品要展示的是“真”，而我们却在透过重重有色玻璃观看他最本真的生命。《月亮和六便士》本是一部探索“真”的小说，引发人思考“真”与艺术的关系，并不是教唆人们抛妻弃子。以道德绑架这部作品的思维方式，正是小说要突破的一个议题。每个人的心头都有一个“道德岗哨”时刻监视着自己，这正是人的肉身过于沉重，而心灵无法真正飞翔的因素之一，也是艺术变得虚伪、不真实的重要原因。如果我们多一点儿诗歌般的“真”，就必然会在作品中撞见无数“真”的细节，更会感受到“真”带来的震撼。

生命因“真”而变得可爱、可敬，甚至令人精神为之一振。加缪的《鼠疫》是一部将人性放在火上烤的作品，鼠疫打破了奥兰城的人们原本平静的生活，大家开始变得复杂起来。有一个人却在芜杂的情绪、混乱的局势面前，显得特别镇定、可爱。看到他，我仿佛于雾霾中看到了阳光，他的名字叫格朗。格朗是一个小公务员，统计是他的本职工作，他一直在做老本行。特别令人兴奋的是，小说常在紧张环节中，设置格朗琢磨自己作品开篇语的场景。他的才气明显不足，词汇量也令人担忧，可他却痴心不改，常为自己完成了一句“精彩”的开头语而脸红、激动。读来令人捧腹，却又笑不出来。他是乱世中最镇定、最接地气，又最风雅的“真人”，也是作品中独特而令人难忘的人。他，是看一眼便能从千万人中找出来的诗人。教师是一个“凭良心而论”的职业，如果教师没有一颗执着、安宁的内心，就无法应对转型期的教育现状。在一个角落，我们努力做最好的自己，将最喜欢的事当成信仰来追求，不犹豫，不放弃，这样便够了。

我时常在巴金像前静思，“掏出心来”四个字总跳出来刺着我的双眼，这是有些颤抖、倾斜，却是用无比真诚的热血凝成的字。我曾收藏过巴金先生的一本小书——《十年一梦》，我的心总被里面的文字撕扯着，分明感受到他于蒙昧岁月中挣扎着追求“真”的热望。1981年5月25日，日本《朝日新闻》(夕刊）刊登了一篇日本记者采访巴老的访问记。其中的一段文字在我的心里掀起了不小的风浪：“批判胡风时，由于自己的‘人云亦云’，才站在指责胡为反革命的一边。现在我对于自己当时的言论进行了反省。必须明白真相才能行动。”当年将矛头指向胡风的人，如恒河沙数，而能站出来向海内外人士致歉的，又有几人？“必须明白真相才能行动”，这句话在肆无忌惮的闯将们看来是可笑的保守；在诗人眼里，是一生追求的真理。作为教师，我们应将这句话铭刻在心灵的底片上，让它映照我们的教学行为。只有求真的教师，才能“教人求真”，真相才是教育的终极知识。

时光本是柔软而美丽的，是跃动的诗，是流动的散文，可我们却常因内心空如旷古的洞穴，灌满了陈腐、朽烂的气息，而拒绝阳光的抚摸，就好像阳光从来没有抵达过这里一样。此时，我还是要用奥地利诗人里尔克滚烫的诗句来勉励自己：

如果你觉得你的日常生活很贫乏，你不要抱怨它；还是怨你自己吧，怨你还不够做一个诗人来呼唤生活的宝藏；因为对于创造者没有贫乏，也没有贫瘠不关痛痒的地方。

其实，教师的生活里都应该有诗，又岂止语文教师？

在新诗中醒来

我不想夸大诗歌对个体生命的作用。与每个人精神契合，从而使其产生共鸣的事物不一定相同。有人如大海里的礁石，诗歌用千万遍的拥抱、千万年的亲吻，都无法化解他石头的本心。在以奔跑替代漫步的今天，谁还能静下心来对着一首诗和绵长的时光发呆？谁还能卸下沉重的铠甲，放任自己在铜墙铁壁似的人间，过一种没有武装的诗意生活？然而，世界不是用来随波逐流的，生命不是拿来苟且的，有自觉意识的人，懂得从沉闷中抽身，让精神主宰自己的灵魂。在我有限的阅读中，新诗恰好可以给予我这样的力量，让我从昏睡走向觉醒。我眼中的新诗是区别于中国旧体诗的一切白话文诗歌，包括翻译而来的外国诗歌，并不是学术意义上的“新诗”。在新诗中醒来，也不是否认旧体诗的醒世作用，而是作为一个“新诗”爱好者的自我表白。

但凡曾经“文艺”过的人，大多有过和“诗歌”恋爱的经历。我不由自主地接连写下几句“爱情有多……诗歌就有多……”，写到第八句时，我的心不禁一阵颤动。这其实就是一个无底洞，任凭你的智商和情商有多高，都无法最终完成这项填空。它们无法说清楚一个问题：诗歌对芸芸众生，特别是对教师来说究竟意味着什么？我不能确认诗歌能否真正洗去所有人在尘世沾染的铅华，重塑一个纯净的自己。必须坦白的是，我从来就没有将诗歌看作拯救人类的艺术，只是在自己即将或已经走进迷惘时，常到诗歌的丛林中去走走。

诗歌究竟是什么？请原谅我的无知，虽然我与诗歌恋爱多年，但我一直不能确认它的本质，包括它的形态、颜色和气味。虽然我的手头至少有两部著作，它们都在阐释“诗是什么”，但我仍无法确切地定义“诗是什么”。诗歌是一个神奇的存在，学术性的解释往往让人摸不着头脑，确定性的阐释又会让它变得刻板，甚至面目全非。直到八年前，在旧书摊上巧遇一本出版于二十世纪八十年代的书，在书中找到一句话，我才明白了诗歌的含义。这几句话起初并没有引起我的注意，只是有一天我猛然想起，才觉得它意味深长。可惜这本书我再也找不到了，准确的内容已经无法记起，只能录其大意：

水，不是诗，只有汇入河流才能成为诗；
河流不是诗，只有因地热蒸腾才能成为诗；
蒸汽不是诗，只有经阳光照耀，化为彩虹，
彩虹才是诗。

就是这一段至今无法想起作者是谁的文字，让我对诗歌有了新的认识，开始从少不更事的喜欢，走向人到中年的虔诚之爱，将诗歌和生命状态紧紧联系在了一起。而这一点认识又和另一次机缘有关，我曾在一本书的角落里读到过一首小诗《给 P》：

距离在我们的中间
是五张桌子，十二把椅子
两杯咖啡
和二十三年的时光

我对这位诗人一无所知，但丝毫不影响这首诗在我内心产生的撞击力量。我在笔记本里写道：“下午，想起这首奇怪的诗，取来再读便发觉颇有意趣。时光是虚幻的，而桌子、椅子、咖啡则是客观存在的，在虚实之间时光流逝便显得真切可感。我坐在学校标本林的长椅上，等待上课的铃声，檀树、红棉树、喜树，淅淅沥沥的落雨，似有若无的鸟鸣，近二十年的教书时光……过去捉摸不透的光阴如今真切地呈现在我的眼前、耳际和指尖。”诗里的朋友不就是曾经的我吗？从一心做“理想的教育”，到只能谈一谈“教育的理想”，这中间经历过多少次的磕碰、多少回的阻隔，一切都历历在目，又似乎模糊不真切，最惊心动魄的是已经过去了如此多的时光。人的一生能有几个二十年？为什么不推开桌子，搬走椅子，撤下咖啡，和理想再谈一次恋爱？正因为有了这样的念头，才有了如今看上去有点儿傻的我，傻到别人常认为我是真的疯了：竟然在高中谈解放文体，实践基于思维激活的写作教学，推进整本书阅读进课堂，建构人文阅读课程体系……不计报酬，不顾异样的目光。而学生的短信让我彻底相信了诗歌能让人醒来的说法：

有人说，诗人是将诗当作生活来过。老师们的做法则让我觉得，真正的诗人是将生活当成诗来过。很多人为了写诗而写诗，老师们则是在用行动写诗。

我不是要炫耀所谓的成就感，或者赢得什么鲜花和掌声，而是想告诉大家，当我们的生命和诗歌融为一体时，散发出来的就是真实、童趣、魔性，原本琐碎无聊的生活将因此而生意盎然。这一次读诗的经历，使我成为诗歌阅读的探险者，不再局限于教科书上耳熟能详的“明星诗人”，而是从更辽阔的诗歌原野上去寻找属于自己的诗歌。这一趟出走的旅程，其实就是理解诗歌并反思自我的过程。我常常会想起那首《什么是诗》的诗，寻找着自己灵魂深处属于诗歌的元素，并在追问中获得对诗歌的一些个性化认知。

我是水吗？

石头有石头的诗意，它将头发甩过了肩膀，任岁月如何疯狂，总是坚守着固态的模样。我不敢相信石头一样的诗意能够恒久流传，也不相信真正的诗人会是一块花岗岩或者青石板。但我固执地认为，所有的石头都是诗歌中多余的货色。

读中学时，我“遇见”过一位智利女诗人——加夫列拉·米斯特拉尔。在无书可读的乡镇学校，当我看到一本诗集（其实还有一部分散文）时，无异于遭遇了“一道闪电”，我身体的每一个角落都被烧得灼热。这本诗歌散文集是《露珠》（王永年译本），然而在我读完或者说是背完这本书后，米斯特拉尔在我的脑海里却成了一个僵硬的雕刻师，因为她笔下的人和物似乎都是一尊尊雕像。《罗丹的思想者》便是这样一篇作品：

粗壮的手托着下巴，
思想者在想他是墓中之物，
面对命运，不免一死，
他憎恨死亡，为美激动。

他火热的青春曾被爱情激发，
现已深秋，他沉浸于悲哀彻悟。
夜晚开始，“人皆有死”的想法，
鲜明地刻上他青铜的额头。

他筋肌奋张，忍受着痛苦，
皮肉的纹路充满了恐怖。
面对召唤他的上帝，

他像秋叶一般坼裂……
平原上的枯树和负伤的猛狮，

都不及探索死亡的人的抽搐。

米斯特拉尔或许就是一块石头吧？石头钟爱石头，只有石头才能理解石头的内心世界，十七八岁的我又怎能感受？背完《露珠》我就后悔了，因为觉得白白浪费了一段光阴。前不久，在先锋书店，米斯特拉尔的一本诗集《你是一百只眼睛的水面》静静地躺在诗歌专柜上，封面上十四只颜色、形状各异的眼睛吸引了我。我背靠在书柜旁的墙壁上读完了整本诗集，不知道是站着读诗的缘故，还是因为人到中年，我从诗歌里读到的不再是僵硬的表情、格式化的背影，而是一颗悦动的心。谁能确认一个雕像般的人只能形容枯槁？又有谁敢断言岩石下面没有奔腾的河流？思想者，宁静的外表下或许刚刮过一场风暴，或者正涌起千万层波涛。到这里我才算理解了鲁迅的《野草》中的那句名言："地火在地下运行，奔突；熔岩一旦喷出，将烧尽一切野草，以及乔木，于是并且无可朽腐，但我坦然，欣然。我将大笑，我将歌唱。"流动，或许才是诗人的天性，石头可能只是他的家具或者贴在墙上的瓷砖，而不是他的全部。

翻开尘封的阅读笔记，我的稚嫩的笔迹下流淌的正是米斯特拉尔流动的激情：

…………

我爱你们，字字珠玑的诗人，
你们虽已逝去，还在安慰我，
夜间在柔和的灯光下，
发出柔和的叹息，同我娓娓交谈！

我从打开的书页上挪开眼光，
死去的人，我的想象织成你们的面庞：
热烈的眼睛，渴望的嘴唇，

在紧实的土地中徐徐消失。

这是诗人在墨西哥的某个图书馆朗诵的诗歌《我的书》，是一个爱书的人与书籍的作者穿越时空的对话。书的雕像只是一种外在的彰显，流动的激情让她和诗人、作家们融为一体。

我们总是喜欢将自己比喻成固态的粒子，以慨叹生命的渺小。这是对自我生命状态的否定，也是对种种可能的扼杀。如果我们真是石头或者沙砾，即便你的神经像“缆绳一样粗”，粗糙的岁月也会将它磨得纤细而脆弱。僵尸一样的规范、镜花水月一样的荣誉、论资排辈的职称、烽烟四起的升学率……哪一项都会让一个正常的教师变得紧张兮兮。《月亮和六便士》中的罗伯特说：“上帝的磨盘转得很慢，但是却磨得很细。”从生活的角度来说，这句话是对人类普遍命运的高度概括，可谓一箭穿心。如果我们是流动的水呢？以不争的姿态和利于万物的情怀生活在这珍贵的人间，任磨盘如何旋转，我自岿然不动，我便还是我。

我是河流吗？

对一个追求自由的人来说，这样追问自己无异于在给自己用刑。作为一个自由人我可以选择离群索居，但作为一名教师，我必须和这世界上最活泼多姿的人相处，日复一日，年复一年，而最大的自由正是来自这千姿百态的生命。如果我们总是将自己孤立起来，就等于给自己判了终身监禁，囚室就是自我封闭的空间。为此，我们必须学会主动和学生共舞，走进广阔的社会、人生，将自己汇入河流，让沉重的肉身流淌成一条河。这本是教育的常识，但中年危机往往会诱惑我们陷入自保自安或者自暴自弃的沼泽。

鲁迅的《鸭的喜剧》是一篇带有纪实色彩的小说。盲诗人爱罗先珂害怕寂寞，渴望遍地音乐的欢乐世界，便买来了十几个小蝌蚪，期待着夏日的蛙鸣。然而，他又添购了“遍身松花黄”的小鸭子。鸭子吃了蝌蚪，诗人无法享受“听取蛙声一片”的诗意了，便回到了俄罗斯的故乡。

鸭子吃蝌蚪是出于生物的天性，本就无可责备，错就错在不该将它们放在同一个花池里。“那池的长有三尺，宽有二尺”，花池毕竟不是河流，如果真爱它们并想保护它们，不如为它们寻找一条宽阔的河流。将自己过度保护起来，或许有一天我们会自己吃了自己——颓废战胜进取，或者进取裂变为极度自我，与其如此，不如放自己到河流中去，感受与他人生命同在的快乐。

想起美国诗人玛丽·奥利弗的诗集《去爱那可爱的事物》中的《鱼》：

我剖开它的身体，将肉
与骨头分离，
吃掉了它。现在，海
在我身体里：我是鱼，鱼
在我体内闪闪发光……

玛丽·奥利弗是一个主张人和自然融为一体的诗人。诗歌是可以想象的，也是可以迁移的，这句诗让我想起了读书。教师读书有用吗？有些教师不读书，书教得好像也挺好的，因为他有爱心。过去，我总是用现象解释现象，用“读书才能走远”来回答这个问题。现在我终于可以回答这个问题了，书籍进入我们的内心，也就是外在世界走进了我们的内心世界，世界便是我们，我们便是这个世界。谁也不愿意去一条浅水沟里游泳，因为挥动的手臂将泛起沉渣。汇入世界之海的我们，会因为充盈、丰富、浩瀚、辽阔而闪闪发光，学生自然会从四面八方奔向光明的我们，再头顶着光明走向四面八方。现在，每当我想以各种借口放弃阅读时，便会读一读这首诗。

我沸腾了吗？

我们生活的这个时代集聚了太多的易燃物，时不时从外面向我们的内心喷火，我们常常因此而遍体鳞伤。我不想以冗长的篇幅去揭露教育病理，也不想以怨妇的口吻唠叨教育体制的种种弊端，更不想控诉付出与收入不成正比例的惨状，只想问自己：你的内心还火热吗？二十世纪俄罗斯流亡诗人亚·勃拉伊罗夫斯基的《生命在奔跑》常常在我的脑海里回旋：

生命在奔跑，仿佛在一部小说中……
我醒来。寒冷。寂静。
树木在雪雾中闪烁。
垂死的月亮挂在树梢。
我意外地摸到了手表，
冰凉的刻度盘闪着冷光……
看不见指针。凑近耳朵一听：
已经停摆……
或许，灵魂在大地上的漫游
就是这样停止……
但心脏依然在搏动，搏动，搏动……
我听见它在寂静中的咚咚响。

即使指针已经停摆，不需要外物的帮助，我们依然能感受到灵魂的存在，可以凭借搏动的心脏与天地共舞。我不知道二十世纪的俄罗斯究竟是怎么了，竟然可以井喷一样跳跃出这么多诗人。战争、屠杀、迫害……人类所能经受的种种肉体和精神的折磨，差不多都在这里发生了。人类对抗苦难靠的是什么？除了本能地活着，他们的内心世界一定蒸腾着某种热望，以至于将苦难化为雾气，在生命的空间里弥散。

我们的生活中从来就不缺少控诉，因为世上不如意之事十有八九，而苦难更接近生活的本质。今天，要是我说教师是幸福的，不知道会不会引起共鸣；而如果我说教师是苦难的，那一定会引来无数心有戚戚者。我是像食指一样“坚定地相信未来”的人，因此我会比很多人更有等待的耐心。况且，我知道这个世界上还有许多人跟我们一样苦恼着，他们所经受的折磨并不比我们少。我曾长期“追踪”一个打工诗人——郑晓琼，感受一个二十世纪八十年代出生的女孩步入社会后，世界加工厂给她带来的创伤。我们来读一读她的《工业区》中的诗句吧：

多少灯在亮着，多少人在经过着
置身于工业区的灯光，往事，机台
那些不能言语的月光，灯光以及我
多少渺小，小如零件片，灯丝
用微弱的身体温暖着工业区的繁华与喧哗

而我们有过的泪水，喜悦，疼痛
那些辉煌或者卑微的念头，灵魂
被月光照耀，收藏，又将被它带远
消隐在无人注意的光线间

我捕捉她诗歌里刻画的苦难痕迹，其实不用捕捉，因为她的大多数诗都是在叙述她的生活。在追踪她的过程中，我曾有一种莫名的放松感，因为我知道在这个世界上还有一个比我更苦恼的人。后来我又自责起来，“知道你也过得不好，我就放心了”，这是怎样的一种心态？之后，我又为她担忧起来，不知道这个女孩能不能走出一条属于她的幸福之路，更担心她会不会被沉重的生活压垮。后来，我放心了，因为我在她的诗歌背后读出了一种对抗命运的叛逆，反叛的内心将沉重的生活蒸腾起来，弥漫在天地间，无处不在，显而易见。这是斗争，是揭露，也是昭示。在广东这个经济大省，郑晓琼在最底层摸索着前进，模具厂、玩具厂、磁带厂、五金厂……我看到了一个诗意的生命，更看到了一颗热气蒸腾对抗命运的灵魂。这不是美化苦难，不是将苦难当作诗意，而是一个忠实的读者对劳作着的诗人的礼敬。在她面前，我还有什么理由以冷漠回应我的教育生活呢？

我是彩虹，我是诗吗？

我这样问自己，并不是想成为明星，或者令人仰望的名师。我只是想告诉自己，如果人们的眼里只有黑暗，就会永远生活在浓黑的悲凉中。太阳是唯一的种子，阳光将会让我们的生活变得异彩纷呈。我曾经纠结于易羊的一首诗《今生》：

死去的人在坟墓里，
活着的人，
离死亡很远。
我转过身去，
蓦然看到
地上的影子，
家乡、亲人和我的今生，
犹如这地上的影像，
更如同
梦里的情形。
在死亡到来之前，
我学会爱了吗？
因为我不能确定，
我是否还会
重返人间。

这首诗是以惊悚的姿态闯入我的阅读世界的。被病魔折腾得奄奄一息的易羊，在生命的尽头向自己发问：“我学会爱了吗？”因为她不确定“是否还会重返人间”！当一个人只有拥有近乎慈悲的爱时，才能淡定从容地生活在沉重的世界上。如果说我现在的教育生活还有一点儿诗意，那么我要感谢王栋生老师向我推荐了俄罗斯“太阳诗人”康斯坦丁·巴尔蒙特的诗歌《我来到这个世界》：

我来到这个世界，为了看见太阳，
和苍茫无际的蓝天。
我来到这个世界，为了看见太阳，
和巍巍群山的峰巅。

我来到这个世界，为了看见太阳，
和峡谷的烂漫色彩。
我将那众多的星球尽收眼底，
我是至上的主宰。

我不再兴趣索然，冷若冰霜，
却激起新颖的幻想。
我时刻徜徉于新的意境，
永远歌唱。

是爱情的歌谣激起我的幻想，
人们因而喜爱我的诗章。
悠扬的旋律谁能媲美？
它是那么富有动人的力量。

我来到这个世界，为了看见太阳，

如果白昼竟然消亡，

我还要歌唱……我还要歌唱太阳，
在我生命弥留的时光！

“我来到这个世界，为了看见太阳”，这首诗让我开始审视自己，重新燃起对教育的热爱。既然我是为了看见太阳而来，为什么要沉沦堕落？为了实现教育的理想，不如从自己开始，做一点儿理想的教育，向着太阳歌唱，让阳光穿透裂缝，或许有一天会刺痛沉睡的人们，让疯狂回归理性。其实，即使命运不济，我们还可以如诗人维斯拉瓦·辛波斯卡所说：“我不想成为上帝或英雄。只想成为一棵树，为岁月而生长，不伤害任何人。”“不伤害任何人”，你能做到吗？对一名教师来说，这又何尝不是一种极高的境界：

我是水吗？
我是河流吗？
我沸腾了吗？
我是彩虹，我是诗吗？

我不敢说以上一定是诗歌的本质，更不会狂妄到以我的阅读感悟为唯一标准，因为每个人醒来的方式往往不同。

此刻，我想用玛丽·奥利弗的诗《为何我早早醒来》与大家共勉：

你好，我脸上的阳光。
你好，早晨的创造者，
你将它铺展在田野，
铺展在郁金香

和低垂的牵牛花的脸庞，
铺展在
悲哀和想入非非的窗口——

最好的传教士，
可爱的星，正是你
在宇宙中的存在，
使我们远离永恒的黑暗，
用温暖的抚触安慰我们，
用光之手拥抱我们——
早上好，早上好，早上好。

瞧，此刻，我将开始新的一天，
满怀幸福和感恩。

与美共同着生命

今天是我四十岁的生日，凌晨两点我才睡下，五点便又起来了。

窗外，暴雨雷电，不知道算不算一种洗礼。

近二十年的教学，让我获得了许多独特的生命体验，也培养了我的自卑。

一种奇特的感觉在内心蒸腾：越来越不知道怎么教，越发觉得自己浅薄。正如今日的短眠，虽竭尽全力入梦，仍无法沉入梦乡。都说语文教师如中医，越老越好，银髯飘洒才算高人。可我却迟疑了，犹如剧院外的孩子，怀着好奇心，胆怯地向里张望，有些渴望，又有点儿犹豫，更有一点儿紧张。岁月助我成长，难道是长成孩童一样吗？

过去的我似乎很自信，背完《论语》便以为无所不知，读完《李白全集》便以为走入了诗仙的内心，啃了《百年孤独》便以为了解了西方文学……说到底还是一种年轻的自信，自信只是因为年轻，除此而外真的一无所有。想起龚鹏程老师的一段肺腑之言："我现在这般平易的讲法，也是经过很多年才会的。我教书三十多年。刚开始时根本不能掌握'读者'的问题，光是按照我自己的理解来讲。又因我那时候才二十来岁，太年轻了，所以讲课务求高深，唯恐学生以为我没有学问。我自以为讲得很高兴、很精彩，可是学生听得一头雾水，只能说老师学问太大了。后来我才慢慢学会现在这样的讲法。之所以要发感慨，讲这段经历，是说明每位作者都有其读者的设定，一味曲高和寡也是不行的，每位作者要搞清楚自己的读者是谁。”这段话在我的生命中出现得太迟了，我竟用了近二十年的时间，才获得了一知半解的感悟。

作为教师，我的职业生涯很长，职业生命却很短。孔夫子“四十不惑”，现在想来是多么惊心动魄的伟大呀！如今我已正式跨入四十的行列，却存储了满满的困惑，甚至有“爆棚”的可能。凡人如我，与夫子的差距究竟在哪里？归根结底，离不开我们对“本”的思考与求索。“本立而道生”，朴素的话语背后却是人生的至理，是千万双迷茫的眼睛，是数不清的挫折与遗憾。那么，教师的“本”在哪里呢？无限地丰富自我，只能算是有了做教师的“本钱”；经历各种教育场景，只能算是有了做教师的“本事”……也许，只有弄清楚什么是教师，才能找到我们的“本”。

如果我们仅仅是“专门从事教育教学工作”(《中华人民共和国教师法》）的人，那看上去将是多么的刻板。我想，教师应当是“与美共同着生命”的人。“美”，即学生；学生，即“美”。儿童是美丽的，这不是诗人的赞叹，而是世人由衷的感怀。按照联合国教科文组织的说法，十八岁之前都是儿童，那么高中生也应是儿童。然而，当我们从小学走进高中时，很鲜明地感受到“美”的顿然消失，高中课堂里取而代之的是疲倦的容颜和凝滞的目光。人生如果没有美的童年，就真的只能是“一场苦旅”。作为教师，我们有责任让学生的生命焕发出美来，只有学生美了，教师才有真正的职业生命，才有“美”。

我的职业生涯还有二十多年，我想，我应该“与美共同着生命”。